www.tredition.de

AF204204

Zeit für Neues

Susanna Mirzaian

Im Laufen leben lernen

Auf dem Olavsweg von Hamar nach Trondheim

© 2014 Susanna Mirzaian
Umschlag, Illustration: Susanna Mirzaian
Lektorat, Korrektorat: Annette Bentler, Monika Robrecht
Weitere Mitwirkende: Annette Bölke, Samuel Mirzaian, Tabea Mirzaian

Verlag: tredition GmbH, Hamburg

ISBN
Paperback   978-3-7323-0083-9
Hardcover   978-3-7323-0084-6
e-Book   978-3-7323-0085-3

Printed in Germany

Inhalt

Vorwort

Wie alles begann …

Ich sah den blauen Fetzen, die einmal mein Terminkalender waren, hinterher. Ein Fetzen des blauen Stoffes fiel nach dem anderen in den Mülleimer. Dieser Terminkalender hatte mich dreizehn Jahre lang begleitet. Spätestens im November jeden Jahres kaufte ich ein neues Kalendarium und heftete es ein. Sein Umschlag war nach dem langen Gebrauch schon befleckt und an den Seiten ausgerissen. Aber in all den Jahren war er mir ein treuer Begleiter gewesen und ich habe mir nicht vorstellen können, mich von ihm zu trennen.

Doch nun wusste ich, dass die Zeit gekommen war, ein anderes Kapitel in meinem Leben aufzuschlagen und etwas Neues zu beginnen. Und da kam mir ein Kalender, den ich in einer Buchhandlung entdeckte, gerade recht. Er trug den Titel: Zeit für Neues.

Vieles in meinem Leben, sowohl beruflich als auch privat, hatte sich eingespielt. Alles ging seinen gewohnten Gang. Das gab mir Sicherheit, aber genauso machte sich in mir das Gefühl von Stillstand breit.

Ich merkte, dass es Zeit war, die gewohnten Gleise zu verlassen, aufzubrechen und meinem Leben eine neue, andere Wendung zu geben.

Und ich merkte bald, dass dieser Gedanke, der sich einmal in meinem Herzen eingenistet hatte, sich nicht mehr vertreiben ließ. Wie war das mit den Geistern, die ich rief…

Dennoch brauchte es von den ersten Gedanken bis hin zur Umsetzung ein ganzes Jahr.

Es folgten Verhandlungen mit meinem Arbeitgeber, dem katholischen Generalvikariat in Paderborn, über einen Sonderurlaub und dessen Länge. Zeitgleich überlegten wir, welche neue Stelle in einer anderen Stadt ich danach antreten konnte.

Nach dem der viermonatige Sonderurlaub genehmigt war, versuchte ich mir darüber klar zu werden, was ich in dieser Zeit tun wollte. Pläne wurden geschmiedet und wieder verworfen.

Für mich war klar, das ich diese Zeit nutzen wollte, um nach siebzehn Jahren Berufstätigkeit geistlich aufzutanken und um neue Kräfte zu schöpfen. Für mich standen Fragen des „woher komme ich" und „wohin gehe ich" im Vordergrund.

Schnell wusste ich, dass ich mich auf den Weg machen wollte. Mit dem Pilgern hatte ich in den letzten Jahren positive Erfahrungen gemacht. Jedes Mal nach einer Pilgerzeit spürte ich, wie sie mich verändert und mir Kraft gegeben hatte.

Schließlich stand fest, dass ich einen Monat in Italien verbringen würde, einen Monat in Norwegen und dazwischen jeweils einen Monat zu Hause sein wollte.

Italien ist das Land meiner Kindheitsträume, in das ich einmal im Jahr reise und indem ich Erholung finde. Dort kann ich die Seele baumeln lassen.

Aber wieso ausgerechnet Norwegen? Ein „Zufall" in Gestalt eines kleinen Pilgerführers führte dazu. Diesen ersten deutschsprachigen Pilgerführer über den Olavsweg von Bernd Lohse entdeckte ich zufällig in einem Buchkatalog. Seitdem ich ihn bestellt hatte und in ihm blätterte, ließ mich dieses kleine Buch nicht mehr los. Die Ursprünglichkeit und die Einsamkeit der Landschaft, die die Fotos ausstrahlten, zogen mich magisch an. Ich hatte das Gefühl, das es hier nur um das Wesentliche ging.

Ich wusste mit einem Mal, das ich diesen Weg gehen wollte. Und von da an waren alle Pilgerwege und Urlaubsziele, über die ich nachgedacht hatte, nicht mehr von Interesse.

So begann ich mit den Planungen: Etappen festlegen, Unterkünfte aussuchen und per Mail anfragen, Ausrüstung zusammenstellen.

Zeitgleich zu den Planungen des Pilgerweges begann ich die Wohnung zu kündigen, den Abschied an meiner alten Stelle vorzubereiten und eine neue Wohnung zu suchen.

Mir wurde immer bewusster, in welch großes Netz der Sicherung und Absicherung wir eingewoben sind. Manchmal habe ich gedacht, dass es einfacher ist, die Netze einfach durchzuschneiden, als alle Versicherungen auf ein Minimum zu setzen.

Schließlich nahmen meine Planungen immer mehr Form an. Ich hatte meine Route für den Olavsweg festgelegt, alle Quartiere per E-Mail festgemacht und Flüge gebucht.

Eine Woche lang würde ich in Italien den Franziskus-Weg gehen, um mich für den Olavsweg einzulaufen und mich an das Gewicht meines Rucksacks zu gewöhnen. Danach würde ich durch das Land reisen und mich anschließend am Meer erholen.

Einen Monat später sollte dann mein großes Abenteuer Norwegen beginnen.

Vorbereitungen

Ich habe mich entschieden, so wie im Pilgerführer von Bernd Lohse empfohlen, den Pilgerweg in Hamar an der alten Domkirche zu beginnen. Von dort sind es noch 488 km nach Trondheim. Es gibt mehrere Routen, aber der Pilgerführer beschreibt die am besten ausgebaute Strecke. Ich möchte meinen äußeren Weg in vier Etappen einteilen. Die erste Etappe führte mich am Mjosasee entlang bis Lillehammer, dann ging es durch das Gudbrandsdal bis Dovre, dort beginnt das Dovrefjell und ab Oppdal beginnen die letzten Etappen bis Trondheim.

Ich verzichte in meinem Pilgertagebuch auf eine detaillierte Wegbeschreibung und verweise auf den oben schon genannten Pilgerführer von Bernd Lohse, „der Olavsweg".

Denn für mich war neben dem äußeren Weg mein eigener innerer Weg mit all den Hochs und Tiefs das prägende Element meiner Pilgerzeit.

Dennoch möchte ich einige Hinweise zu den Besonderheiten des Pilgerns im Norden geben.

Der Weg wird viel weniger von Pilgern frequentiert als beispielsweise der Jakobsweg. Ich habe auf meinem Weg wenige Pilger aus anderen Ländern, geschweige denn aus anderen Kontinenten getroffen.

Einige deutsche Pilger habe ich kennen gelernt und gerade auf den letzten gut 100 Kilometern sind viele Norweger unterwegs.

Der Weg ist folglich viel einsamer. An manchen Tagen ist mir kaum ein anderer Mensch begegnet. Aber wenn ich mal nicht weiter wusste, traf ich auf einen Bauern oder Hausbesitzer, die mir in gutem Englisch weiterhalfen.

Eine unbekannte Größe ist das Wetter, bei dem man mit allem rechnen muss. Ich habe den Juli gewählt, denn er gilt als warmer und trockener Monat. Aber besonders auf der Hochebene, dem Dovrefjell, muss man mit Wetterkapriolen rechnen. Dort ist man dem Wind und dem Regen ungeschützt ausgeliefert. Deshalb ist ein guter Regenschutz von Nöten.

In manchen Unterkünften gibt es sogar eine Art „Schuhfön", der in der Wand eingelassen ist und mit dem man die nassen Schuhe trocknen kann. Oder es findet sich ein wärmendes Ofenfeuer, das die mit Zeitungspapier ausgestopften Schuhe gut trocknet.

Eine weitere Herausforderung ist die Infrastruktur. Die Zahl der Unterkünfte ist begrenzt. Dieses gilt besonders für das Dovrefjell und für die letzten 100-200 km bis Trondheim, denn dann steigt, wie schon erwähnt, die Pilgerdichte. Meine Konsequenz daraus war, die Unterkünfte per Mail vorzubuchen. In dem schon erwähnten Buch und im Internet unter „Olavsweg", kann man Unterkünfte finden. Aber auch auf dem Olavsweg gilt das ungeschriebene Pilgergesetz, dass Pilger immer aufzunehmen sind. Entweder man rückt zusammen oder die Gastgeber organisieren eine Unterkunft. Es gibt historische Höfe, die Betten in Holzhäusern anbieten, Campingplätze, auf denen man Hütten mieten kann, B&B oder Hotelzimmer. Ein Schlafsack und ein Handtuch gehören unbedingt in den Rucksack, um Kosten zu sparen. Denn diese Dinge kosten extra. Das gleiche gilt auch in vielen Fällen für das Frühstück und in den meisten Fällen für ein Picknick, das man am Frühstückstisch mitnehmen kann. Zum Glück gibt es fast immer Supermärkte, in denen man Brot, Belag und verschiedene Tütensuppen kaufen kann. Das gilt nicht für das Dovrefjell, vor dessen Durchquerung man sich vorher mit allem Nötigen eindecken muss.

Vor allem auf den historischen Höfen und bei B&B Unterkünften habe ich viele freundliche und hilfsbereite Gastgeber erlebt. Sie erzählten aus ihrem Leben und es entstanden viele herzliche Begegnungen. Mit viel Liebe richteten sie ein leckeres Frühstück her, boten Waffeln an oder machten ein Abendessen.

Der Weg ist durchweg gut beschildert mit dem Kreuz des Nidaros Doms in Verbindung mit dem Vierpassknoten (Symbol für Sehenswürdigkeiten). Auf der Internetseite: www.olavsweg.de kann man sich Karten zu allen Etappen ausdrucken.

Wegweiser

Einen Pilgerpass erhält man z. B. im Pilgerzentrum in Hamar oder im Pilgerzentrum in Hamburg.

Ende Juli werden die Olavsfesttage veranstaltet. Zu diesem Fest treffen viele Pilger in Trondheim ein. Im Nidaros Dom gibt es eine Vielzahl von liturgischen Angeboten und die ganze Stadt feiert ein großes Fest zu Ehren des heiligen Olav.

Packliste

1 dünne Wanderhose
1 dickere Wanderhose
1 Wanderrock
1 Wanderbluse
1 Wander T-Shirt
1 Wander Top
Treckingsandalen
Seidenpyjama
25 Einwegunterhosen
3 Unterhosen
2 BH's
1 Funktionshemd
1 Fleece-Pullover
1 Regen-Windjacke
1 Regen-Poncho
2 Paar Socken
1 Kopftuch
1 Schlafsack
Handtuch
4 Wäscheklammern, 1 Kordel
Kamera, Tablet, Handy mit Ladekabeln
Lösliche Espresso Portionen
Müsli und Powerriegel
2 Schwämme als Schulterpolster
Rucksack Regenschutz
Sitzkissen
Reizgas
Waschsalon mit Seife, Haarshampoo, Zahnpasta, Zahnbürste, Schere
Mückenschutz, Fenistil, Sonnencreme, Pflaster, Tape, Magnesium, Schmerz-
tabletten, Feuchttücher, Tempos, Mini Nivea Einwegwaschlappen, Rei in der
Tube
0,7 und 0,5 Sigg Flasche, Flaschenhalter
Stift
Sonnenbrille
Taschenmesser mit integrierten Besteck
Trinkgefäß, Gewürzstreuer, Tütensuppen, Bonbons, Kaugummis
Pilgerführer, Andachtsbuch, Karten

Wenn Du weißt, wohin du gehen willst, wirst du auch einen Weg finden.

Unbekannter Autor

Der Heilige Olav und der Olavsweg

Olav Haraldson wurde 995 als Sohn eines norwegischen Kleinkönigs geboren. Er wuchs ganz in der Tradition der Wikinger auf.

Durch Olav Trygvasson, den Gründer Trondheims, einem Freund der Familie, kam er mit dem Christentum in Kontakt.

Olav Haraldson nahm als junger Mann an Wikingerzügen teil, u. a. auch auf Santiago di Compostela. Später verdingte er sich als Krieger bei Normannen Königen. Vermutlich empfing er dort auch seine Taufe.

Ihn trieb die Vision an, Norwegen zu einem durch das Christentum geeinten Land zu machen.

Olav rief Missionare ins Land, ließ Kirchen bauen und Strafen einführen für die Menschen, die die Taufe ablehnten. Das stieß auf Widerstand von vielen Stammesfürsten. Schließlich musste Olav aus Norwegen fliehen. Er sammelte in Schweden ein neues Heer und zog gegen Trondheim.

Olav wurde schließlich bei dem Versuch, sein Reich zurückzuerobern, am 29.07.1030 in der Schlacht von Stikklesstad getötet.

Nach dem Tod Olavs geschahen viele Wunder an seinem Grab in Nidaros, dem heutigen Trondheim. Neben seinem Grab entstand eine Kathedrale. Olav wurde als Heiliger verehrt und ist der Schutzpatron Norwegens. Sein Gedenktag ist der 29. Juli.

Im Mittelalter wallfahrten tausende Menschen zu seinem Grab. Nidaros gehörte neben Jerusalem und Santiago di Compostela zu den bedeutendsten Pilgerzielen im Mittelalter. Nidaros wurde das Jerusalem des Nordens genannt.

In den Zeiten der Reformation wurde die Wallfahrt zu ihm gering geschätzt und das Pilgern sogar unter Strafe gestellt.

Erst Ende der neunziger Jahre fand eine Renaissance des Pilgerweges statt.

Vom Aufbrechen

1.Etappe von Hamar nach Brumundal, zwischen 20 und 25 km

Nach diesem ersten Pilgertag war ich richtig geschafft. Ich fragte mich, woher das kam? Die Strecke war nicht anspruchsvoll. Vielleicht steckte mir der lange Anreisetag mit dem Aufstehen um 3 Uhr, dem frühen Flug, dem Umstieg in Kopenhagen, dem Weiterflug nach Oslo, der Zugfahrt nach Hamar und dem Quartiersbezug noch in den Knochen?! Hamar ist die größte norwegische Stadt, die nicht am Meer gelegen ist. Das Stadtzentrum ist modern und es wird viel gebaut.

Berühmt ist das Olympiazentrum, das in Form eines umgedrehten Wikingerschiffs gebaut ist, zu dem ich heute früh gelaufen bin. Eine weitere Sehenswürdigkeit ist die alte Kathedrale, über deren Resten sich eine riesige Glaskuppel spannt. Ein imposantes Bauwerk, dessen Gestalter Architekturpreise gewannen. Licht flutet hinein und wenn man den Blick hebt, schaut man in den Himmel. Als ich die Kathedrale mit ihren Fundamenten durchstreifte, dachte ich, dass der offene Himmel ein schönes Bild für die Offenheit des Menschen für Gott sowie Gottes Nähe zu den Menschen war. In der Nähe der Kathedrale befindet sich auch der erste Kilometerstein, der 488 km bis Trondheim anzeigt und damit auch den Beginn meines Pilgerwegs. Nun wird es also ernst für mich. All die Gedanken, Planungen, Ängste werden nun von der Realität eingeholt, die mit meinen ersten Schritten beginnt.

Der Weg führte mich am Mjosa See vorbei durch dichte Wälder. Die Beschilderung durch die Wegweiser an Bäumen oder auf Steinen war weitgehend gut sichtbar angebracht. Zu meiner eigenen Sicherheit fragte ich ein paar Mal bei Spaziergängern nach dem Weg. Als ich mich schon voller Freude am Tagesziel wähnte, kam der Schock. Wie ich durch Nachfrage erfuhr, lag der Campingplatz, auf dem ich eine Unterkunft gebucht hatte, noch 3 km vom Stadtzentrum von Brumundal entfernt. Diese zusätzlichen Kilometer auf Asphalt inklusive Verlaufen waren einfach zu viel für mich an diesem ersten Tag. Schon jetzt spürte ich Füße und Schultern.

Fazit: Schon diesen ersten Tag erlebte ich als sehr schonungslos, er führte mich an meine Grenzen. Ich stellte fest, wie herausfordernd es war, sich alleine auf den Weg zu machen. Der Weg forderte volle Konzentration. Wieder einmal merkte ich, dass die Auszeit insgesamt betrachtet kein verlängerter Urlaub war, sondern mich an Leerstellen meines Lebens führte. Gerade in den Pilgerzeiten spürte ich, dass ich mir nichts vor machen, nichts zu schütten konnte.

Von Pilgergräbern und einer wahren Pilgermutter

2. Etappe von Brumundal nach Moelv, ca.23 km

Der Campingplatz gestern war sehr schön am Mjosasee gelegen. Viele Campingwagen schienen Dauerbehausungen mit Vorbauten aus Holz zu sein. Ich hatte ein "Ikea lässt grüßen" Apartment mit Kochgelegenheit. Leider fiel ich an diesem Tag gleich zwei Mal ins "Pilgergrab". Früher waren die Pilger Opfer von Räubern und Diebesbanden, die ihnen nach dem Geldbeutel mit Leib und Leben trachteten. Der moderne Pilger sieht sich ganz anderen Gefahren auf dem Pilgerweg ausgesetzt. Ich möchte in dem Zusammenhang von „Pilgergräbern" sprechen. Als ich den Campingplatz erschöpft erreichte, buchte ich unsinnigerweise Bett und Waschzeug mit Endreinigung, was einen gewaltigen Aufpreis bedeutete. Außerdem hat mich, so glaube ich, der Koch im Campingrestaurant beschummelt, indem das Getränk genauso viel kostete wie das Essen. Ich hoffe, dass ich diese Lektion in Norwegisch gelernt habe. So sieht also ein neuzeitliches „Unter-die-Räuber-Fallen" aus.

Heute war ich bei Randy untergekommen. Sie hatte ein großes Herz und war eine wahre Pilgermutter. Nachdem ihr Mann sie verlassen hat, vermietet sie Zimmer in ihrem Haus an Pilger. Mir fällt dabei ein, dass ich eine weitere Lektion in Norwegisch lernen musste, der Ort, der in der Adresse angegeben ist, muss nicht der Ort sein, wo man hin muss. Als ich von der Ringsaker Kirche schon ca. 5 km nach Moelv gelaufen war und Randy anrief, sagte sie, dass sie ganz in der Nähe der Kirche wohnt. Ein Schreck fuhr mir durch die Glieder; umkehren und die ganze Strecke wieder zurück laufen?!

Aber was tut eine wahre Pilgermutter? Sie holte mich an einer Shell Tankstelle ab, an der ich vorbei gekommen war. Denn nach 23 km Fußmarsch über 5 km zurück zu laufen ist hart. Überhaupt spüre ich meine Beine, Füße und Schultern hier viel stärker als auf dem Franziskusweg, auf dem ich im Mai eine Woche gepilgert bin. Dabei waren die beiden ersten Etappen nicht sehr anspruchsvoll, aber sehr lang.

Während ich den Franziskusweg als kommunikativen Weg, gepaart mit italienischem Lebensgefühl und Gaumenfreuden bezeichnen würde, scheint mir der Olavsweg viel einsamer und spartanischer zu sein.

In Umbrien herrscht die überbordende Fülle der Natur, hier das archaische Prinzip.

Nichts lenkt den Pilger vom Wesentlichen ab. Selbst das Essen ist kärglich, die Tütensuppe, die ich gerade verzehrt habe, hat mich nicht wirklich gesättigt. Getroffen habe ich bis jetzt nur eine Mutter mit ihrer Tochter, die mich flüchtig grüßten, als ich aus einer Kirche kam.

Interessanterweise bin ich beiden am Abend wieder begegnet, denn sie hatten keine Unterkunft gefunden und in ihrer Not bei Randy angerufen. Diese fragte mich, ob es mir etwas ausmacht, wenn die beiden noch auf mein Zimmer kämen. Natürlich nicht, denn ich wäre ja auch froh, wenn mich jemand aufnimmt. Nun warte ich auf die beiden Frauen.

Was gibt es noch zu berichten? Die Beschilderung des Weges ist bis jetzt hervorragend und die Norweger sind sehr hilfsbereit. Viele Klischees begegnen mir, z. B. sehe ich täglich Holzhäuser, vor denen blonde Kinder spielen, „Bullerbü" lässt grüßen.

Fazit: Ende gut, alles gut. Der Psalm 23, mit dem ich heute in den Tag gestartet bin, hat sich bestätigt. Er hat mir Vertrauen gegeben und die Gewissheit, dass Gott mich geleitet und ich mich nicht zu sorgen brauche.

So einfach kann seine Botschaft manchmal sein.

Von Um- und Irrwegen

3. Etappe von Moelv/Ringsaker nach Brottum ca. 20-25 km

Ich war genervt.

Denn im Pilgerführer stand, dass man die Hauptstraße am See nehmen könnte, die sich am Ende wieder mit dem Pilgerweg verbinden würde. Ich entschied mich also für die "Asphaltvariante" mit vorbeifahrenden Autos, aber mit wunderschönen Ausblicken auf den Mjosasee. Die ersten Kilometer liefen sich ganz gut, dann spürte ich meine Füße mehr und mehr. Ich fragte mich, wann denn der Pilgerweg endlich meinen Weg kreuzen würde. Schließlich tauchten der im Pilgerführer beschriebene Campingplatz sowie der Bahnhof auf, aber von Wegweisern keine Spur. Schließlich rief ich in meiner Unterkunft im Johannes Garden an und es stellte sich heraus, dass es sich um eine Fehlinformation im Pilgerführer handelte, die Straße wurde nicht gekreuzt vom Pilgerweg. Mir blieb nichts weiter übrig als bis Brottum Zentrum zu laufen, was ich laut vor mich hin schimpfend tat, und mich dort weiter durchzufragen. Der Johannes Garden war hoch über dem Ort am Ende einer Straße, wo ich schon keine Häuser mehr vermutete. Es war ein geistliches Einkehrzentrum und liebevoll eingerichtet. Alles war aus Holz und strahlte Ruhe aus. Leider war ich so schlecht gelaunt aufgrund meiner quälend langen Strecke, dass ich dieses erst Stunden später wahr nahm. Bis jetzt hatte ich jeden Tag Probleme, die Unterkunft zu finden und die Vorstellung, dass es wochenlang so weiter gehen könnte, löste Unwillen in mir aus.

Der Tag fand noch einen versöhnlichen Abschluss mit einer von der Hausherrin gekochten Fischsuppe. Etwas später als ich kamen meine „Mitbewohner" von gestern an. Die Mutter hieß Michaela, die Tochter Isabelle. Ihnen war es übrigens ähnlich wie mir ergangen. Und wie heißt es, geteiltes Leid ist halbes Leid.

Mjosasee

Von wertvollen Pausen

4. Etappe Lillehammer

Schon gestern, als ich die Bushaltestelle unterhalb der Unterkunft sah, kam mir die Idee, heute mit dem Bus zu fahren. Denn bis jetzt führte der Weg immer am Mjosasee entlang, wirklich schön, aber nicht spektakulär. Und die Strecke nach Lillehammer sollte wieder viel über den Asphalt führen.

Ich nahm Bus- und Zugfahren beim Pilgern mittlerweile pragmatisch, ich musste nicht jeden Kilometer laufen, nur um gelaufen zu sein. Auf meiner ersten Pilgerwanderung sah ich das noch anders, so wie es Michaela und Isabelle jetzt taten.

Nach einer Andacht, die ich für mich allein in der sehr schönen Holzkapelle hielt, und einem leckeren Frühstück, stellte ich mich an die Straße, um auf den Bus zu warten. Mit einiger Verspätung kam er - fast glaubte ich, doch laufen zu müssen! Die halbstündige Fahrt mit dem Bus an dem heute mit dichten Wolken verhangenen Mjosasee vorbei habe ich sehr genossen.

In Lillehammer angekommen, brachte ich erst einmal meinen Rucksack zur Herberge. Das Gjestebu war eine ziemlich heruntergekommene Jugendherberge und mein Zimmer ein Kellerloch, aber ich war da ziemlich schmerzfrei, nur wärmer könnte es sein. Ich habe den Tag in Lillehammer (klein Hamar), Olympiastadt von 1994, sehr genossen. Es tat so gut, mit leichtem Gepäck durch die niedliche Fußgängerzone zu flanieren. Es gab Cafés und nette Geschäfte. Dem größten Freilichtmuseum Norwegens habe ich einen Besuch abgestattet. Es hat mich an das Freilichtmuseum in Hagen, Westfalen, erinnert. Es gab Einblicke in die bäuerliche Kultur Norwegens mit seinen Bauernhäusern und in die Stadtentwicklung. Eine prachtvolle Stabkirche war das Prunkstück. Leider habe ich es nicht mehr geschafft, das Olympiamuseum zu besuchen, aber zumindest die Sprungschanze habe ich aus der Ferne gesehen. Meinen Tag hat dann eine Pizza mit Kaffee (das einzig bezahlbare Getränk) abgerundet. Es tat gut, einen Tag zu entspannen und zu genießen. Wenn man mich nach meiner Meinung fragen sollte, könnte man den Pilgerweg auch später beginnen und die ersten Stationen mit dem Zug zurücklegen.

Jetzt verstand ich, dass sich viele erst ab dem Dovrefjell, ca.14 Tage vor Trondheim, auf den Weg machen. Aber vielleicht macht es auch Sinn, sich einzulaufen und die „Pilgerexistenz" anzulegen.

Rückblickend möchte ich noch sagen, dass mich die Geschichte von Randy, meiner vorletzten Gastgeberin, sehr berührt hat. Sie hat erzählt, wie schwer ihr die Trennung von ihrem Mann fiel und wie sie danach begonnen hat, Pilger und andere Menschen in ihrem Haus zu beherbergen. Gesellschaft leistete ihr dabei eine Katze. Sie hatte ihr Haus mit viel Liebe zum Detail eingerichtet und besaß ein großes Herz für ihre Gäste.

Es war jedes Mal ein Erlebnis, wer und was einen am Ende des Tages erwartet. Auch heute bin ich im Gjestebu auf Michaela und Isabelle getroffen, die mittlerweile vorher in der Unterkunft anrufen, um sicher zu gehen, ein Zimmer zu bekommen. Mir tat es gut, mich am Ende des Tages mit ihnen über die Wegerlebnisse auszutauschen.

Nun ist es an der Zeit für ein kurzes Statement zum Experiment „Einwegunterhosen", die ich mir vor und für diesen Pilgerweg gekauft habe. Ich bin begeistert von den Jessa Einwegunterhosen - 5 Stück für 1,95 Euro. Es ist eine riesige Erleichterung, nicht mehr jeden Tag waschen zu müssen. Außerdem sind sie sehr bequem und haben einen hohen Tragekomfort. Ich kann sie uneingeschränkt empfehlen.

Morgen ist ein neuer Tag, den ich nun etwas positiver gestimmt angehe.

Von Hochs und Tiefs auf dem Pilgerweg

5. Etappe von Lillehammer nach Nermo, ca. 22km

Nun habe ich die Region rund um den Mjosasee verlassen und habe das von Sagen umwobene Gudbrandsdal erreicht. Das Gudbrandsdal war immer schon sehr fruchtbar und von der Landwirtschaft geprägt. Davon zeugen unzählige alte Höfe. Heute aber ist der Tourismus die Haupteinnahmequelle. Es ist sehr eng und beinhaltet den so genannten Königsweg, auf dem schon früher die Pilger gingen.

Viele Heimatromane sind dort angesiedelt. Heute kommt es mir fast wie ein Wunder vor, dass ich den Weg gefunden habe und unbeschadet angekommen bin. Wenn aus dem Nichts auf einmal ein Wegweiser auftauchte, musste ich an die Bibelstelle aus dem Buch Exodus denken, die ich heute Morgen gelesen hatte: Gott zieht in der Wolkensäule vor seinem Volk her.

Nachdem ich Lillehammer auf befestigtem Boden verlassen hatte, ging es über rutschigen Waldboden weiter, zuerst unterhalb einer Bahnlinie, dann unterhalb einer Straße. Die Mücken umschwirrten mich, ich konnte gar nicht so schnell sprühen, wie sie mich stachen. An der Schnellstraße angekommen, gab es einen kurzen Regenschauer, der mich dazu brachte, meinen Regenponcho heraus zu holen. Was danach kam, war slapstickreif: Ich kämpfte mit diesem riesigen grauen Ungetüm Regenponcho und als es mir endlich gelang, ihn über mich und den Rucksack zu ziehen, hatte der Schauer aufgehört. Ich hoffe, dass keiner aus einem Auto heraus diese Situation gefilmt hat und auf YouTube stellt. Für Tipps, wie es schneller und geschickter geht, den Poncho anzuziehen, bin ich dankbar. Ach ja, ich habe es auch nicht mehr geschafft, ihn klein zu falten und so türmte er sich in meinem Rucksack.

Endlich erreichte ich den Wald, der ins Gudbrandstal führte. Auch da galt es aufzupassen und keine Schilder zu übersehen. Hinzu kamen die für den Olavsweg charakteristischen Zauntreppen. Damit sind Stiegen, Leitern oder Treppen gemeint, die über Zäune führen. So kann man Wiesen durchqueren, ohne Gatter zu öffnen und damit Gefahr zu laufen, dass Schafe oder Kühe ausbrechen. Es erfordert einen guten Gleichgewichtssinn, sie mit Rucksack auf der einen Seite zu besteigen und sie auf der anderen Seite zu verlassen.

Zwischendurch gab es immer wieder sagenhafte Ausblicke ins Gudbrands-dal.

Gudbrandsdal

Fast am Ende, kurz vor dem Ziel, versank ich noch mit den Schuhen in einer matschigen Wiese. Aber das war noch nicht das Ende. Inzwischen war ich in Nermo, dem heutigen Zielort und Austragungsort der olympischen Skiwettbewerbe angelangt. Und ich folgte wieder einmal dem Buch, in dem es hieß: Pilger gehen die olympische Skipiste hinunter. So lief ich also unter den über mir schwebenden Sesselliften her, da kreuzten plötzlich Mountainbiker meinen Weg. Da war ich doch glatt auf dem Mountainbike-Parcours gelandet.

Wohl behalten kam ich unten an der Sesselliftstation an und ließ mir den Weg zum Hotel erklären. Nun saß ich in einem sehr teuren Golfhotel (der Platz war gleich neben an), in dem die Küche geschlossen war. Gerade habe ich Knäckebrot mit Wurst und Käse belegt, gegessen. Lecker, aber etwas dürftig am Ende eines Pilgertages. Von der Terrasse hatte man einen unbeschreiblichen Ausblick auf das Gudbrandsdal.

Noch mehr hätte ich diesen mit einem kühlen Getränk genossen, aber immerhin bekam ich Kaffee.

Und während ich also den Ausblick genoss, kamen plötzlich Michaela und Isabelle. Es stellte sich heraus, dass sie schon vor mir im Hotel angekommen waren, obwohl sie fast 1,5 Stunden nach mir los gelaufen sind. Das war mir ein Rätsel. Gut, mein Abstecher über die Skipiste war ein riesiger Umweg und meinen abenteuerlichen Versuch, einen Wasserfall zu erreichen, hatten sie auch nicht unternommen, aber erklärte es das? Ich merkte, dass mich das total frustrierte. Ich glaube, dass es zu zweit leichter ist, dass man die Wegweiser besser sieht und dadurch Umwege vermeidet. Als ich dann noch hörte, dass die beiden ein Zimmer mit Balkon und Aussicht haben und gemeinsam nur wenig mehr zahlen als ich, die ein kleines Zimmer im Anbau bekommen hatte, war ich noch frustrierter.

Ich habe versucht, mir den Frust nicht anmerken zu lassen. Denn die beiden waren so nett, mich zu Pizza, die das Pizzataxi brachte, und zu einem Getränk einzuladen. Und das bei den Preisen. So verbrachten wir einen ganz lustigen Abend auf der Terrasse. Die Sonne schien ja hier immer ganz lange und hell war es fast die ganze Nacht.

Fazit

Ich möchte versuchen, nur von Tag zu Tag denken und mir keine Gedanken über den Weg und die Versorgung zu machen - mit der wird es immer schwieriger, es gibt immer weniger Geschäfte. Ich möchte Schritt für Schritt gehen und darauf vertrauen, dass Gott mich führt.

Wenn Du nicht sicher bist, welchen Weg du gehen sollst, folge der Sehnsucht deines Herzens.

Rini

Von der Begegnung mit einem Pilgerengel

6. Etappe von Nermo nach Skadengard 8 km

Der erste entspannte Pilgertag neigte sich dem Ende zu, so, wie sich auch langsam der Abend über das Gudbrandsdal neigte.

Nach einem opulenten Frühstück - es sollte das letzte für viele Tage sein - brach ich im schönen Restaurant des Golfhotels auf und wählte den Weg über die Straße. Nachdem ich eine Weile vor mich hingetrottet war, hörte ich plötzlich hinter mir ein Rufen: Michaela und Isabelle, die kurz nach mir aufgebrochen waren, holten mich ein. Gemeinsam liefen wir bis zur Oyer Kirche, die wie fast alle Kirchen geschlossen war, in der Hoffnung, eine Einkaufsmöglichkeit zu finden. Ernüchtert standen wir vor der Kirche, kein Geschäft weit und breit zu sehen. Auf einmal hielt ein Auto, eine Frau stieg aus und erklärte uns, wo der nächste Supermarkt sei, nämlich genau in entgegen gesetzter Richtung. Als sie in unsere entgeisterten Gesichter sah, sagte sie, dass sie uns hin und zurück bringen würde. Und so geschah es, verbunden mit einem kurzen Abstecher zu ihrem Lieblings-Wohn-Design-Laden.

Sie erzählte, dass sie schon lange als Lehrerin für Gehörlose in Oslo lebte, hier aufgewachsen war und nun ihre Eltern auf dem Friedhof besuchte. Nach dieser Begebenheit dachte ich mir, dass so also ein echter Pilgerengel aussah!
Dann machte ich mich mit Michaela und Isabelle an den kurzen, aber knackigen Aufstieg zum Skadengard, einem historischen Hof. Oben angekommen genossen wir einen herrlichen Ausblick auf den Fluss Lagen, der durch das Gudbrandsdal floss. Der Hof war landwirtschaftlich noch voll im Betrieb und einige Zimmer wurden an Pilger vermietet. Ich bezog eine winzige Hütte mit Kochgelegenheit, namens Stabburet. Zum Waschen musste ich immer ins Haupthaus gehen.

So machte ich mir mit Michaela und Isabelle einen gemütlichen Nachmittag auf der Wiese vor dem Haus. Keine Wolke trübte den Himmel und wir genossen die Sonne. Abends aßen wir Tütensuppe an einem windschiefen Tisch vor meiner Hütte. Das war Pilgerglück! Außerdem beobachteten wir die Anreise von einem deutschen Pilgerpaar und vier Franzosen. So langsam füllte sich sowohl der Hof, als auch der Pilgerweg. Am Vormittag haben sich Michaela und Isabelle entschlossen, die nächste Etappe mit mir zusammen zu gehen. Darüber war ich froh, denn die Etappe wurde lang und anstrengend.

Fazit:

An diesem Tag hat sich gezeigt, dass man immer wieder überrascht wird, von dem, was passiert, vom Leben! Gefühle sind immer nur eine Momentaufnahme. So kann Frust ganz schnell in Freude umschlagen. Man darf keinem der Gefühle zuviel Macht und Raum geben, sondern sollte sie immer als Teil des Großen und Ganzen sehen. Wenn man bereit ist, seine Gefühle los zu lassen, können sich neue und andere Gefühle entwickeln und hinzukommen.

Von Nagelproben und anderen Herausforderungen

7. Etappe von Skadengard zum Berget Hof, ca. 24 km

Heute machte ich mich mit Michaela und Isabelle auf den langen Weg zum Berget Hof. Schon früh stand die Sonne hoch am Himmel.

Am Ende des Tages konnte ich sagen, dass es eine atemberaubende Wanderung war. Die erste Etappe, die richtig nach meinem Geschmack war. Es ging durch unwegsames Gelände, über rutschige Waldwege, kleine Bäche und über ganz viele Zauntreppen. Teilweise musste man sogar klettern, es war ein ständiger Wechsel von Auf- und Abstiegen. Unser ständiger Begleiter war der atemberaubende Blick auf den Fluss Lagen. So spektakulär hatte ich mir Norwegen vorgestellt.

Um die Mittagszeit entschieden sich Michaela und Isabelle dafür, am nah gelegenen Glomstad Hof um Quartier zu fragen. Michaela war nach der kräftezehrenden Wanderung am Ende ihrer Kraft. So trennten sich unsere Wege. Es war ein eigenartiges Gefühl, auf einmal wieder alleine unterwegs zu sein. Keiner war mehr da, mit dem man Kaffee, Suppe, Freuden und Schmerzen teilen konnte.

Plötzlich bekam ich eine SMS von Isabelle: „Wir kommen doch!" Ich schrieb ihr zurück, dass ich auf sie warten würde. So kam ich in den Genuss einer ausgedehnten Pause. Michaela hatte nach Kaffee und Kuchen im Glomstad Hof wieder Energie bekommen. Und so gingen wir gemeinsam weiter.

Ach ja, Bärbel und Wilfried, ein Ehepaar, das wir gestern im Skaden Gard kennenlernten, kreuzte nun häufiger unseren Weg. Nun sind wir schon fünf Deutsche auf dem Weg nach Trondheim.

Die letzten Kilometer unserer Tagesetappe auf Asphalt bei 25 - 30 Grad wurden noch einmal zur Nagelprobe. Michaela bekam einen Tränenausbruch, weil sie nicht mehr konnte, ich rief im Quartier an, um zu erfragen, wie weit es noch sei und so schleppten wir uns mit schweren Schritten die letzten Meter zum Ziel.

Sophie und Ivar Nordrum sind die Besitzer des Berget Hofes und sie haben Großes geschaffen. Sie haben einen alten Stabuet (Speicher) wieder original getreu aufbauen und als Kapelle umgestalten lassen.

Für mich war wieder eine kleine Hütte vorgesehen, total süß, aber sehr weit von der Küche und vom Bad weg, die im Haupthaus waren. Zum Glück war in dem für Michaela und Isabelle vorgesehenen Apartment noch ein Bett frei für mich.

Wir machten uns Tütensuppe mit Knäckebrot und aßen mit Traumblick auf den Fluss Lagen unser Abendessen.

Fazit:

Wieder einmal stellten wir fest, dass die Informationen in unseren Pilgerführern mit Vorsicht zu genießen waren. Entweder ist der Autor immer im Regen gelaufen oder er hat die Informationen aus der Erinnerung zusammen geschrieben oder er ist den Weg nur zum Teil selbst gelaufen.

Außerdem hat sich für mich der Bibelspruch des Tages, sich keine Sorgen zu machen, bewahrheitet. Ich hatte Bedenken vor diesem langen und im Pilgerführer als schwierig, sogar als gefährlich angekündigten Tag. Und ich kann sagen, ich habe mir umsonst so viele Gedanken gemacht. Es war der bis jetzt beste Tag für mich. Zudem fragte ich mich, wieso habe ich mich manchmal verglichen mit Michaela und Isabelle? Heute habe ich erlebt, wie besonders Michaela an ihre Grenzen kam. Warum schaute ich nicht einfach auf mich? Ich merkte, wie ich mich mit vielen unnötigen Gedanken belastet habe.

Beim Pilgern geht es nicht darum, wie schnell jemand an das Ziel kommt oder wie gut man ist. Pilgern lehrt Dankbarkeit und Demut. Es lässt die kleinen Dinge groß werden und rückt die eigenen Maßstäbe zurecht.

Beobachtungen auf dem Weg

8. Etappe vom Berget Hof / Favang nach Ringebu, 15 Kilometer

Heute habe ich mal wieder einen Pilgertag frei nach dem Motto, „ein Tag endet nie, wie er angefangen hat", erlebt.

Es war schon die 2. Nacht, in der ich schlecht schlief. Ich war früh auf, kam aber nicht richtig in Fahrt. Vielleicht lähmte mich auch der Gedanke an die kurze Etappe von 15 km. Ein bewegender Moment war für mich, dass ich mein Morgengebet in der Hofkapelle verrichten konnte. Man spürte in ihr ihre jahrhundertealte Geschichte. Nach dem Morgengebet traf ich in der Küche Bärbel und Wilfried, unsere Mitpilger. Ich habe das Gefühl, dass sie alles besser wussten, was den Weg, die Organisation, das Land Norwegen und vieles mehr anging. Ich mochte diese Art von Pilgermuskelspielen nicht. Die eigentliche Frage, die mich beschäftigte, war aber, warum ließ ich mich derart von anderen Menschen beeinflussen? Warum konnte ich sie nicht einfach reden lassen und darüber hinweg gehen?

Ich stellte fest, dass man bei allen körperlichen Grenzen, an die einen der Pilgerweg brachte, auch seine eigenen Schwächen viel deutlicher spürte. Ich hatte manchmal das Gefühl, dass die ganzen Gefühle, die oft hinter Mauern des Alltags verborgen waren, hier schonungslos offenbar wurden.

Ein wirklich schöner Brauch, wie ich fand, waren die Gästebücher, die in einigen Pilgerherbergen auslagen. Man las Einträge von Pilgern, die Jahre vorher den Weg gegangen waren und fühlte sich mit ihnen verbunden. Indem man selber einen Beitrag in das Buch schrieb, reihte man sich selber in die große Schar der Pilger ein Sehr berührt war ich auch dieses Mal von den Gastgebern. Ivar Nordrum, der bis vor kurzem ein vitaler und aktiver Mann war, baute immer mehr ab. Seine Frau selber, schon achtzig Jahre alt, versuchte ihn, solange es ihr möglich war, zuhause zu behalten. Ich spürte, dass dann, wenn diese Menschen einst gehen werden, unzählige Schätze verloren gehen.

Heute habe ich mich wieder mit Michaela und Isabelle auf den Weg gemacht. Zu unserer heutigen Etappe gab es nicht viel zu schreiben. Sie gehörte für mich zu den Etappen, die man geht, um das Ziel zu erreichen. Vielleicht war es auch nach dem Hochgefühl der gestrigen Etappe schwer, wieder eine normale Etappe ohne besondere Höhepunkte zu gehen. Das ist ja auch im Alltag so. Nach jedem Hochgenuss ist es oft schwer in die Tiefen der Normalität zurückzukehren.

Besonders war aber unser Ziel, die Stabkirche von Ringebu. Es gibt in Norwegen noch 30 Stabkirchen. Sie sind Nachfolgebauten der Pfahlbauten. Es handelt sich um eine Bauweise, in der sich keine Nägel befinden, alles ist verzapft, die Eckpfeiler und Wandplatten ruhen auf Schwellen. Es war sehr beeindruckend, in dieser Kirche zu sein, die 1220 errichtet wurde und ein großartiges Zeugnis der Christianisierung Norwegens war. Großartig fand ich, dass der Eintritt für Pilger frei war.

Anschließend habe ich mit Michaela und Isabelle Waffeln gegessen. Die Norweger lieben Waffeln, die etwas säuerlich, aber mit viel Marmelade sehr lecker schmecken.

In Ringebu erreichten wir meine gebuchte Unterkunft. Michaela und Isabelle hatten nicht vorreserviert. Und es stellte sich heraus, dass es kein Zimmer mehr für sie gab. Da war guter Rat teuer. In meinem Zimmer stand ein Stockbett mit einem sehr breiten unteren Bett. Die Wirtin sagte, es sei meine Entscheidung, wenn ich wollte, könnten die beiden mit mir im Zimmer schlafen.

Andernfalls hätten die beiden noch 6 km weiter gemusst. Natürlich willigte ich ein, obwohl ich mich auf eine Nacht im eigenen Reich mit eigenem Bad nach den sehr einfachen Unterkünften gefreut hatte. Ich hatte schon den ganzen Tag das Gefühl, dass ich Abstand und etwas Ruhe brauchte. Es war zu viel, was ich vom Leben der anderen mitbekam. Denn sie lebten in einer ganz anderen Welt als ich. Aber wie ich eingangs erwähnte, ein Pilgertag steckt voller Überraschungen. Und was man sich von anderen erwünscht, soll man auch ihnen tun. Und so kam ich zu einem ausgegeben Bier, das dreimal so viel wie in Deutschland kostet und zu einem leckeren Döner.

Morgen werden sich unsere Wege aber trennen, denn sie haben in einem höherpreisigen Quartier angerufen und dort für morgen ein Zimmer reserviert.

Von allerlei Merkwürdigkeiten

9. Etappe von Ringebu nach Dale Gudbrandsgard, Hundorp 12 km

Heute war ein seltsamer Pilgertag. So früh werde ich wohl nie wieder an einer Herberge sein, dachte ich. Der erste Teil der Etappe verlief wie ein Waldspaziergang und der zweite Teil war wieder einmal grenzwertig. Es ging über einen rutschigen Hang mit steilen Auf - und Abstiegen. Zweimal kam ich ins Stolpern und konnte mich so eben noch halten. Aber dennoch erreichte ich den geschichtsträchtigen Gudbrandsgard schon kurz nach 11 Uhr. Hier soll Olav Haraldson 1021 (später der heilige Olav) einen lokalen Häuptling Dale Gudbrand getroffen haben. Snorre erzählt in seiner Olav Saga die Begegnung so: „…während im Osten die Sonne aufgeht, erleben die Bauern unter der Führung von Dale Gudbrand, wie Kolbein, einer der Krieger von Olav, das Bild des Gottes Tor zerstört. Mäuse groß wie Katzen, Echsen und Schlangen quellen aus dem Bild hervor. Olavs Männer hatten bereits die Boote der Bauern zerstört und ihre Pferde davon gejagt. Gedemütigt können sie nicht fliehen. Da sagte Olav zu ihnen: ‚Seht, dort kommt unser Gott mit großem Licht' - und die Sonne ging auf über dem Bergrücken." Da ist es selbstverständlich, dass die Leute im Tal sich Olavs Glauben unterwarfen. Unter der Führung von Dale Gudbrand errichteten sie hier eine Kirche, die erste im Gudbrandsdal. Und auf diesem historischen Grund ist heutzutage das regionale Pilgerzentrum untergebracht. Säulen im Garten zeugen davon. Auf mich aber machte das Gelände eher den Eindruck einer Baustelle. In meiner Unterkunftsbestätigung machte mich schon stutzig, dass kein Essen angeboten wurde. Derjenige, der das Pilgerzentrum betreut, erschien erst nach einem Anruf meinerseits. Dann tauchte Magnus, der Zivildienstleistende, auf. Keiner der beiden wusste von meinem Kommen. Aber ich hatte ja die schriftliche Bestätigung in der Hand. Magnus erzählte, dass ein Ehepaar Seiler später mit einer Gruppe käme. Magnus gab mir ein Zimmer und sagte kämpferisch, ich hätte gebucht, das wäre mein Zimmer und er würde das vor dem Ehepaar Seiler verteidigen. Ich bot ihm nämlich an, weiter zu ziehen, denn auf Stress mit anderen Pilgern auf dem Weg hatte ich keine Lust.

Außerdem machte mir das Pilgerzentrum einen sehr unsauberen Eindruck. Magnus fing sofort an zu saugen, aber daran, die mit leeren Konserven überfüllten Mülleimer nach draußen zu bringen, dachte er nicht. Davon, das Badezimmer zu putzen, rede ich hier gar nicht. Aber Magnus ist ein total netter Kerl, er trug sofort meinen Rucksack die Treppe hoch, zeigte mir die Bedienung der Waschmaschine und bot mir Kaffee an. Nun bin ich hier, habe ganz viel Zeit, aber den Eindruck, nicht am richtigen Ort zu sein. Da sehe ich schon die Busse der Seilers ankommen. Ich spüre, dass es jetzt Ärger gibt.

Und mein Gefühl hat nicht getrogen. Frau Seiler rauschte wie eine Furie durch das Pilgerzentrum, putze Magnus runter und brüllte herum, dass sie die Zimmer gebucht und ein Recht darauf hätte. Obwohl ich kurz grüßte, redete sie mit Magnus nur in der 3. Person über mich und verlangte, dass ich ausziehe. Schließlich kam Magnus zu mir und sagte, dass er eine kleine Kammer für mich hergerichtet und das Bett bezogen hätte. Mir standen die Tränen in den Augen, so entsetzt war ich über diesen Vorfall. Hilflos nahm Magnus mich kurz in den Arm und half mir, meine Sachen hinüber zu tragen.

Hätte ich mich doch nicht darauf eingelassen zu bleiben, ich fühle mich nun so unwillkommen. Aber um 16 Uhr konnte ich nirgendwo mehr hin laufen, dazu war es zu spät. Mich schockierte besonders, dass Leute wie das Ehepaar Seiler den Olavsweg scheinbar als ihr Eigentum betrachten. Schon im Vorfeld hatte ich den Eindruck gewonnen, dass der Weg Lohse, Alt und Seilers gehörte. Nach der Pfeife dieser Personen tanzte jede Unterkunft. Alle anderen Pilger mussten sich danach richten. Mich machte das wütend. Da gab das Ehepaar Seiler tolle Bildbände heraus, faselte viel vom Pilgerethos, aber in der Realität sahen sie nur sich selbst.

Vorhin habe ich zwei Frauen aus der Seiler Gruppe kennen gelernt, zwei ganz sympathische Damen. Mit ihnen hatte ich ein sehr nettes, mich etwas versöhnlich stimmendes Gespräch.

Wie war das, ein Pilgertag verläuft immer anders, als man denkt. Ich hatte mich so auf einen gemütlichen Tag gefreut. Und wie ist der Tag verlaufen?! Passend dazu regnete es zum ersten Mal seit meiner Ankunft in Norwegen sehr heftig.

Aber meine kleine Kammer war gemütlich und wenn die Gruppe beim Abendessen ist, werde ich duschen und essen. Morgen werde ich früh aufbrechen, damit ich nicht mit der Gruppe kollidiere.

Von der E 6

10. Etappe von Dale Gudbrandsgard, Hundorp nach Vinstra ca. 19 km

Heute bin ich gegen 7.15 Uhr aufgebrochen. Die Nacht war wieder sehr unruhig, irgendeiner aus der Gruppe musste immer zur Toilette und aus dem Nachbarzimmer kam ein lautes Schnarchen. Hinzu kam, dass ich mich nicht mehr wohl fühlte in dem Haus. Für mich machte das Pilgerzentrum keinen guten Eindruck, es war nicht gepflegt und in der Küche fehlte es an der Grundausstattung für Pilger, z. B. gab es kein Besteck und keine Suppenteller. Meine ‚Grünsachen-Suppe' (frei aus dem Norwegischen übersetzt) musste ich gestern aus einer Kaffeetasse löffeln. Den Leiter des Zentrums habe ich kein einziges Mal gesehen. Das Geld für die Übernachtung habe ich mit einer Notiz versehen im Zimmer liegen gelassen. So machte ich mich in aller Frühe, zum Glück ist es immer hell, auf den Weg. Schon das erste Stück führte mich auf eine abschüssige, feuchte Wiese hinauf und dann ging es schon nicht mehr weiter, überall verschlossene Gatter. Mühsam suchte ich den Weg zurück zur Straße. Sogleich schmerzte mein rechter Fuß. Ich habe festgestellt, dass der Schmerz vom Laufen auf der Innenfußseite kommt, denn das tut man hier bei den ganzen abschüssigen Hängen zu genüge. So beschloss ich an der E 6 (Autostraße) entlang zur Sor-Fron Kirche zu laufen. Sie ist die größte des Gudbrandsdales und ist achteckig. Das ist sehr ungewöhnlich für Norwegens Kirchenbau. Die E 6 durchschneidet das Tal und ist eine wichtige Verkehrsverbindung. Natürlich ist es landschaftlich nicht schön und oft laut, an der E 6 zu laufen, aber den Pilgern ist sie eine wichtige Orientierungshilfe auf dem Weg nach Trondheim.

Die Kirche war natürlich noch geschlossen um diese frühe Uhrzeit. So ging ich weiter bis der Weg mich abermals einen Hang hinaufführte. Als ich mich hoch gekämpft hatte, war wieder kein Schild zu sehen. Ich wandte mich einfach nach links, denn ich sah oben eine Straße, überquerte einen Bach und musste mich erneut einen steilen Hang hinauf kämpfen. Oben angelangt ließ ich mich mit weichen Knien auf eine Bank fallen, denn immer noch war kein Wegweiser zu sehen. Völlig aufgelöst versuchte ich mich an der Karte zu orientieren. Das war mir bis jetzt noch nie am Anfang des Weges passiert, dass ich den Weg nicht fand. Ich musste an den Text aus dem Buch der Prediger von heute morgen denken: Es ist nicht gut, dass der Mensch alleine geht.

Plötzlich hielt ein Traktorfahrer neben mir, er musste gesehen haben, wie aufgelöst ich wirkte. Und er konnte mir sagen, wie ich wieder zum Weg komme. Also dieses Mal begegnete mir ein Pilgerengel in Gestalt eines Traktorfahrers. Ich bin gespannt, wie vielen Pilgerengeln ich noch begegnen werde und vor allem, in welcher Gestalt. Und von da an lief es wie am Schnürchen. Zwar brauchte ich einige Zeit, um meinen Rhythmus zu finden, denn die Übernachtungssituation und die Anfangsschwierigkeiten beim Finden des Weges hatten Spuren hinterlassen, aber nach einiger Zeit kam ich immer besser in Tritt. Der Weg führte mich hoch hinaus auf die eine Talseite. Teilweise war das Gelände wieder schwierig zu begehen, man brauchte Trittsicherheit und vor allem keine Angst. Belohnt wurde ich mit dem bis jetzt schönsten Ausblick. Ich fühlte mich an Karl May Filme erinnert. Hinter mit ragten schroffe Felsen hoch, gegenüber konnte ich die andere Talseite sehen. Über mir kreisten Krähen oder waren es doch Geier? Und ein Indianer- oder Cowboy-Überfall hätte mich nicht überrascht.

Ich machte eine Pause, um dieses großartige Panorama zu genießen, ich fühlte mich an die Schöpfungspsalmen erinnert. Sie beschreiben den Menschen als winziges Staubkorn inmitten der Schöpfung. Und doch denkt Gott an ihn.

Danach führte der Weg mich an verfallenen Höfen wieder ins Tal hinunter zu einer Straße. Dort befand sich auch der Per-Gynt Hof, hier wurde Ibsen zu seiner Sage inspiriert. Unten im Ort Vinstra angekommen, traf ich einen Wanderer. Richtig, keinen Pilger, der Wanderer ging vier Monate auf dem Nord-Süd Weg durch Norwegen.

Nun war ich im Hollandsk Gjestehus. Wie schon der Name sagt, gehörte es Holländern, genauer, einem holländischen Ehepaar. Sie hatten das Haus liebevoll eingerichtet und ich hatte ein schönes Zimmer mit Blick auf den Fluss Lagen. Draußen auf der Terrasse schaute man direkt auf ihn und hörte sein gewaltiges Rauschen. Das Wetter war, nach dem der Himmel sich gestern ausgeschüttet hatte, wieder traumhaft.

Isabelle und Michaela waren auch eingetroffen. Wir aßen zusammen zu Abend in unserer schönen holländischen Unterkunft. Die Preise schockten mich immer noch. Wir haben 259 Kronen, umgerechnet ca. 35 Euro für ein zähes Stück Fleisch, 3 Kartoffeln und etwas Gemüse gezahlt. Michaela war so verwegen, eine Flasche Wein für ca. 60 Euro zu bestellen. Eingeschlafen bin ich dann spät mit dem Rauschen des Flusses.

Über das Vergleichen

Vinstra nach Kvam ca. 13 km

Heute bin ich wieder einmal eine Etappe mit Michaela und Isabelle gelaufen, nachdem ich zwei Etappen alleine gegangen bin. Endlich war das Frühstück mal wieder inklusive. Dementsprechend lange saßen wir am Tisch und liefen erst um 10 Uhr los. Aber 15 km-Etappen sind mittlerweile schnell gemacht und man kommt immer noch zeitig in der Unterkunft an.

Heute führte uns der Weg wieder in die Höhen des Gudbrandsdales bis hin zur Bosaa Schlucht. Die Durchquerung der Schlucht gestaltete sich spektakulär.

Bald erreichten wir schon Kvam, unser Tagesziel. Kvam lag direkt an der E 6, die, wie schon erwähnt, das Gudbrandsdal durchschneidet. Hier war das Tal am engsten und Kvam lag mitten im Talkessel. In Kvam erinnerten Kriegsgräber und ein Museum an die Besetzung durch die deutsche Armee 1940.

Der Ort wirkte auf mich etwas trostlos mit seiner heute wieder einmal geschlossenen Kirche, dem Supermarkt, dem Bäcker, dem Baumarkt, der geschlossenen Pizzeria, dem Campingplatz und dem Motel. Ein typischer Ort zum Durchfahren und nicht zum Bleiben. Ich fand es spannend nach all den Ausblicken auf das Gudbradsdal nun einmal unten im Kessel zu sein. Ich ließ meine Blicke nach oben zu den Talhängen schweifen und dachte: Da bin ich gewesen. Hier unten im Tal war die Luft sehr drückend. Ich habe ein Motel direkt an der E 6 gebucht und schon beim Eintreten fühlte ich mich an eines der typischen USA Motels erinnert. Im Selbstbedienungsrestaurant trugen die Serviererinnen blaue Tracht und waren sehr beschäftigt. Ich wurde schnell abgefertigt. Mein Zimmer hingegen war sehr wohnlich und ruhig, endlich mal wieder ein eigenes Bad. Michaela und Isabelle wohnten auf dem Campingplatz und hatten scheinbar eine preisgünstigere Variante gefunden als ich.

Ich wusste, dass ich mit diesen Vergleichen aufhören musste. Auch als ich in diesem heruntergekommenen Pilgerzentrum war, hatten sie eine Original-Herberge mit tollem Essen gefunden. Da habe ich sie beneidet. Später erfuhr ich, dass dort alles einzeln abgerechnet wurde, z. B. als sie nach einem frischen Laken fragten, mussten sie extra dafür zahlen. Also ein "Pilgergrab".

Außerdem war es in der Nacht bitterkalt, so dass sie Schlafsack, Fleece und alles Mögliche anziehen mussten.

Manchmal dachte ich, dass es bei manchen Unterkünften schön wäre, sich spontan zu entscheiden. Aber das ging halt nicht, wenn man so wie ich alles vor gebucht hatte. Andererseits haben Michaela und Isabelle zweimal nur deshalb eine Unterkunft bekommen, weil ich sie aufgenommen hatte. Und ich vermutete, dass sie im Dovrefjell, wo sehr viele Gruppen pilgern, noch Probleme bekämen, einen Schlafplatz zu finden. Es hatte alles seine zwei Seiten.

Schade fand ich, dass man bis jetzt kaum andere Pilger getroffen hatte. Mir fehlte diese Pilgergemeinschaft. Außerdem fehlte mir, mit anderen Gottesdienste zu feiern, also die spirituelle Dimension des Weges. Für mich stimmte es, dass Glauben aus der Gemeinschaft lebt. Natürlich erfuhr ich Gott in meinen Gebetszeiten, in der Schöpfung und im Miteinander auf dem Pilgerweg, aber das gemeinschaftliche Beten und Gottesdienstfeiern vermisste ich. Das hatte ich auf dem Franziskusweg anders erlebt, der mit seiner Vielzahl an Kirchen und Klöstern ganz andere Möglichkeiten bot.

Was uns bewegt, hält uns lebendig.

Thomas Romanus

Von Hindernissen

12. Etappe von Kvam nach Otta, ca.20 km

Gestern bin ich von Kvam nach Otta aufgebrochen, d. h. zu Beginn habe ich noch versucht, dem Olavsweg zu folgen. Eine Hausbesitzerin, die ich nach dem Weg fragte, sagte mir, dass zwei Mal der Hang durch Wassermassen herunter gekommen wäre und sie nicht wüsste, ob der Weg noch existiere. Da ich nicht 20 km an der der viel befahrenen E6 laufen wollte, versuchte ich es. Zwischendurch sah ich Michaela und Isabelle wie zwei geölte Blitze unter mir an der E 6 laufen. Sie waren beide über 1,80 m groß, also gut 20 cm größer als ich, und hatten einen ganz langen Schritt. Wenn ich mit beiden auf ebener Straße lief, konnte ich ihr Tempo nur schwer mitgehen. Aber ich wollte ja den Hang versuchen. So kraxelte ich also über Geröllmassen und um gestürzte Baumstämme und Felsen herum. Irgendwo inmitten der Verwüstung ragte der nächste Wegweiser auf, den ich versuchte, zu erreichen. Aber irgendwann musste ich einsehen, dass das Chaos für mich unüberwindbar war. Es schien mir auch zu gefährlich, es zu durchqueren. Mir blieb nur der geordnete Rückzug zur E 6. Sie war, wie erwartet, dicht befahren und es war sehr unangenehm, so nah an fahrenden Autos vorbei zu laufen.

Doch in Sjoa bot sich die Möglichkeit, die Fluss-Seite zu wechseln und die letzten 11 km auf einer kaum befahrenen Straße zu gehen. Der Fluss Lagen zweigte dort in das Wildwasser der Sjoa ab und wurde zu einem reißenden Strom. So erreichte ich Otta, einen wichtigen Verkehrsknotenpunkt und das Geschäftszentrum im Gudbrandsdal. Am Wochenende fand dort ein Tanzfest statt, deshalb waren die Hotels ausgebucht. Michaela und Isabelle konnten nur aufgrund einer Stornierung ein Zimmer bekommen. Auch zwei französische Paare traf ich wieder, die uns im Skadengard schon einmal begegnet waren. Für das ältere Paar endete der Weg hier, das junge Paar mit dem Hund lief weiter. Den Nachmittag verbrachte ich mit Michaela und Isabelle am Fluss. Man konnte sogar die Füße ins eiskalte Wasser hängen, eine Wohltat. Abends gab es zur Abwechslung Pizza mit einem erschwinglichen Glas Wein in einer Pizzeria.

Von der Abwesenheit

Fahrtag nach Hovringen

Da der Weg heute ohne Höhen und Tiefen oberhalb des Flusses und der E6 entlang lief, beschloss ich, heute mal wieder einen Bus-Fahr-Tag einzulegen. Mein vorgebuchtes Quartier lag zum ersten Mal außerhalb des Pilgerweges in Hovringen. Hovringen ist ein Ferienort am Rande des Rondane National-parks.

Da der Bus erst um 15 Uhr fuhr, hielt ich mich im Hotel auf. Heute regnete es zum ersten Mal dauerhaft. In den beiden Unterkünften, die am Weg lagen, war keine Übernachtung möglich. In dem einem fand ein Mittelalterfestival statt und auf dem Campingplatz habe ich niemanden erreicht.

Nun ein paar Gedanken, die mich beschäftigten: In der Auszeit begleitet mich das Lied "Let her go" von der Gruppe Passenger. Es heißt dort z. B. frei übersetzt, du vermisst die Sonne nur, wenn es schneit oder du vermisst dein Zuhause nur, wenn du unterwegs/auf der Straße bist. Ich glaube, dass es um die Erfahrung der Abwesenheit von Dingen und Menschen geht. Oft stellt uns das Leben in diese Abwesenheiten hinein, das sind schmerzhafte Erfahrungen, mit denen wir ringen und die wir letztlich annehmen müssen.

Es gibt auch die Abwesenheiten, die wir erfahren, weil wir eine Wahl getrof-fen haben und wir uns bewusst in sie hinein begeben. Was heißt das konkret? Ich spüre hier in Norwegen, wie sehr ich vom Lebensgefühl und Tempera-ment der südländische Typ bin. Mir fehlt das Leben auf der Straße, das Ges-tikulieren, der Espresso an der Theke einer Kaffeebar, die Kommunikation. Ein anderes Beispiel: Ich vermisse offene Kirchen, in denen man Kerzen anzünden, Gottesdienste, an denen man teilnehmen kann. Oder wenn ich daran denke, wie oft ich in Italien vom Wetter schrieb, da es sehr unbestän-dig war und mich jeden Tag vor neue Herausforderungen stellte. Hier habe ich mich schon so an die Sonne gewöhnt, dass ich sie nur noch selten er-wähne, weil sie für mich selbstverständlich geworden ist. Dies sind nur drei Beispiele, die ich weiter fortsetzen könnte. Deshalb denke ich, dass es manchmal notwendig ist, Abwesenheiten in Kauf zu nehmen, um das Fehlen von etwas zu spüren, aber auch, um herauszufinden, was wirklich wesentlich ist für einen selbst oder, um herauszufinden, was zu einem Menschen gehört.

Von Verzweiflung und vom Rettenden

14. Etappe von Hovringen nach Dovreskogen, km ca. 25

Der Tag begann mit einem hervorragenden Frühstück. Es gab Waffeln mit selbst gemachter Marmelade, Porridge, selbst gebackenes Brot, Lachs, Wurst, Käse, Müsli und vieles mehr. Dazu herrschte im Frühstückssaal eine sehr angenehme Atmosphäre, bedingt vor allem durch die klassische Musik, die dezent im Hintergrund lief. Das Brekkeseter Hotel hat mich im Ganzen begeistert. Es liegt inmitten der Hochebene des Rondane Nationalparks. Schon als der Bus sich gestern die ewig langen Serpentinen hoch quälte, kam ich aus dem Staunen nicht heraus. Die Hochebene präsentierte sich als grüne Fläche, auf der verstreut Hütten, oft mit Gras bewachsenen Dächern zu sehen waren. Das Hotel bestand aus einem Hauptgebäude und einer Ansammlung von Hütten. Es war liebevoll und gemütlich eingerichtet. Von der Terrasse hatte man einen Rund-um-Blick auf die Hochebene. Vor dem Hotel stand ein Pferd und eine getigerte Katze stahl sich immer auf eines der Sofas im Aufenthaltsraum. Der Besitzer war ein liebenswürdiger Mann, er erzählte, dass er im Dom zu Trondheim getauft und konfirmiert wurde.

Ich bin froh, diesen Abstecher vom Pilgerweg aus gemacht zu haben. Als der Besitzer mir von einem Weg durch den Nationalpark zurück auf den Pilgerweg erzählte, fand ich den Gedanken sehr verlockend, auf diesem Weg mein nächstes Ziel zu erreichen. Gestärkt machte ich mich nach dem Frühstück auf den Weg durch die Hochebene. Ich war fasziniert von dem Farbenspiel der Sonne und den changierenden Grüntönen. Aber ich merkte, dass nun buchstäblich ein anderer Wind wehte als im Gudbrandsdal. Zum ersten Mal ließ ich meinen Fleecepullover an und wünschte mir, ich hätte die wärmere Hose angezogen. Das war sozusagen eine Einstimmung auf die nächste Hochebene, das Dovrefjell, das ich übermorgen erreichen wollte.

Zu Beginn war ich noch guter Dinge, Schilder wiesen mir den Weg, ich schritt schnell voran. Doch irgendwann begann ich bis zu den Unterschenkeln im Matsch zu versinken, jeder Schritt wurde schwer, aber ich ging weiter, bis es schließlich nicht mehr weiter ging. Ich war an den Rand der Hochebene gekommen. Ich hatte keinen Wegweiser mehr gesehen, weit und breit kein Haus, geschweige denn Menschen. Also blieb mir nichts anderes übrig als den ganzen Weg durch den Matsch zurück zu gehen.

Schließlich sah ich Menschen an einem Haus, die mir die Richtung wiesen. Also ein nächster Versuch, aber wieder tat sich kein Weg auf, ich wäre erneut im Matsch gelandet. Nachdem über zwei Stunden vergangen waren, entschied ich mich zur Straße zurück zu gehen. Ich nahm also den Weg, den der Bus am Tag zuvor über die Serpentinen genommen hatte, zurück bis nach ganz unten. Der Weg kam mir endlos vor. Als ich unten ankam, sah ich schon die E6, sie war noch enger und der Verkehr floss noch dichter, als ich es schon kannte. Es blieb mir aber keine andere Wahl, ich musste auf ihr gehen. Ich presste mich so gut es ging an die Leitplanken und versuchte, so oft es ging, auf den grünen Randstreifen zu gehen. Mir stand der Schweiß auf der Stirn, denn mir war bewusst, wie gefährlich es war. Nach einer gefühlten Ewigkeit, sah ich ein Schild, das von der E6 weg führte. Ich nahm den Weg, der wieder keine Pilgerzeichen aufwies, aber das war mir egal. Ich hatte nur einen Gedanken - von der Straße weg zu kommen. Schließlich sah ich ein Haus, auf dessen Terrasse eine Familie saß. Ich lief durch das dichte Gras auf das Haus zu, die Kinder schauten mich an, als ob soeben eine Außerirdische gelandet wäre. Doch dann begegnete mir wieder mal ein Pilgerengel, der meine Verzweiflung sah, meinen Rucksack schulterte und mich zum Pilgerweg führte. Der Familienvater war der Pilgerengel, der geschwind von der Terrasse hinunter stieg und mir den Weg zeigte. In dem Moment fiel mir der Satz ein: Wo Verzweiflung ist, wächst das Rettende.

Nun sitze ich hier auf einem einfachen Campingplatz mit meiner letzten Tütensuppe und leicht lädierten Füßen. Michaela und Isabelle schauten vorhin kurz hinein, sie hatten in der Nacht nur mit viel Ausdauer ein Quartier gefunden und heute wieder nur eines mit Mühe. Wind zog auf, der Himmel war bedeckt. Ob der zweite Teil meiner Reise ganz anders wird, fragte ich mich.

Das Dovrefjell

15. Etappe von Dovreskogen nach Budjord Gard Dovre, ca. 15 km

Heute war der Weg sehr angenehm, wenn nicht der starke Gegenwind gewesen wäre. Teilweise dachte ich, dass es mich von der Straße weht und ich musste ständig gegen den Wind ankämpfen. Dovre war mein Ziel, die letzte Service Station, bevor die lebensfeindliche Umgebung beginnt (vgl. Ivanowski, Norwegen). Dort versorgte ich mich mit ausreichend Proviant und machte eine Pause in einer Cafeteria.

Mit der lebensfeindlichen Umgebung war das Dovrefjell gemeint, nach dem Rondane Nationalpark die zweite Hochebene, die ich erreichte. Es heißt im Norwegischen „...bis das der Dovre fällt". Damit will man ausdrücken, dass etwas ewig Bestand hat, unveränderlich ist. Das Dovrefjell wird auf 80 km von der E6 durchschnitten. Der alte Königsweg führt durch das Dovrefjell, den Saumpfad für Pilger und Könige, die auf diesem Weg nach Trondheim zogen. Außerdem kann man dort Moschusochsen sehen.

Nach der Region um den Mjosasee, dem Gudbrandsdal, das übrigens hinter Dombas endet, ist das Dovrefjell die 3. Region, die ich durchwandere. Ab hier soll die Pilgerdichte steigen. Schon in Dovre begegnete ich anderen Pilgern. In Dovre ist die Kirche sehenswert, die einzige in Norwegen, die mit Schiefer verkleidet ist, das Gestein kommt im Dovrefjell vor.

Heute übernachtete ich in Budsjord, einer historischen Hofanlage. Eine Matratze war schon im Pferdestall ausgebreitet. Auf der anderen Seite in umgebauten Pferdeboxen schlief ein Teil der Gruppe von Pastor Bernd Lohse, dem Hamburger Pilgerpastor. Er ist auch der Autor des Pilgerführers und durch ihn bin ich überhaupt auf die Idee mit dem Olavsweg gekommen. Ich habe ihn im Pilgerbüro in Hamburg persönlich kennengelernt, als ich meinen Pilgerausweis abholte.

Ich fragte mich, wo Michaela und Isabelle heute wohl nächtigen werden?

Ich spürte schon jetzt, dass sich etwas ändert auf dem, auf meinem Weg. Das Dovrefjell flößte mir Respekt ein, es werden mehr Leute unterwegs sein. Schon jetzt saß ich in der Gaststube mit amerikanischen Touristen zusammen. Außerdem wird die Nacht im Pferdestall sehr kalt werden. Das machte mich alles etwas unruhig. Insbesondere deshalb, weil ich mich heute beim

Laufen sehr müde gefühlt hatte. Ich machte mir selber Mut, indem ich mir sagte, dass ich versuchen musste, meinen Weg ganz in Ruhe zu gehen. Bis jetzt hatte sich meine Ausrüstung bewährt, besonders für den Trinkflaschenhalter an meinem Gurt war ich dankbar. Das Funktionsunterhemd, das bis jetzt nur als Sonnentop fungierte, wird nun wahrscheinlich seiner eigentlichen Bestimmung zugeführt. Auch der Regenponcho, der bis jetzt meistens als Sitzunterlage herhalten musste, wird nun zu seiner Bestimmung kommen. Um 18 Uhr gab es Abendessen mit den anderen Pilgern. Ich war schon sehr gespannt auf die Hamburger Gruppe.

Dovrefjell

Vom „Gemeinsam-auf-dem-Weg-Sein"

16. Etappe von Budsjord Gard nach Fokstugu, ca. 14 km

Ich möchte ein paar kurze Eindrücke vom gestrigen Abend schildern. Es war ein wunderbares Abendessen mit der ca.16köpfigen Gruppe aus Deutschland unter der Leitung von Pastor Lohse, zwei norwegischen Pilgerinnen, Karin aus Österreich und mir. Eric, der den Hof führte, und Maria, eine junge Frau, die auf dem Hof lebte und arbeitete, sind besondere Menschen mit einer großen Ausstrahlung. Besonders Maria mit ihren großen Augen und dem strahlenden Lächeln hat etwas Engel- oder Feenhaftes. Sie zauberte uns eine schmackhafte Currysuppe mit Rentierfleisch und als Nachtisch gab es köstliche Waffeln mit Rhabarbermarmelade. Mittlerweile liebte ich die norwegischen Waffeln mit ihrem säuerlichen Geschmack. Nach zwei Wochen, in denen ich weitgehend alleine oder höchstens mit fünf Personen zusammen war, fiel es mir manchmal schwer, den Randgesprächen zu folgen und die vielen Worte aufzunehmen. Andererseits tat es so gut, zu reden, von seinen Erlebnissen zu berichten und zu lachen. Im Schein des Kerzenlichts entstand eine ganz besondere Atmosphäre, die sich schwer beschreiben lässt, sie hatte etwas Vertrautes, Warmes und Geborgenes. Um 21.30 Uhr hatten alle Pilger die Möglichkeit, am Abendgebet der Gruppe teilzunehmen. Dieses Angebot nahm ich gerne an. Beim Abendgebet spürte ich, wie gut es mir tat, nach zwei Wochen ohne Gebets- und Gottesdienstgemeinschaft die Worte der Schrift gedeutet und zugesagt zu bekommen. Ich war berührt, die Worte des „Vater unsers" aus so vielen Mündern zu hören. Sie waren in ihrem Klang wie neu für mich. In dem Moment spürte ich, dass Glauben für mich nicht alleine geht, dass es die Gemeinschaft der anderen braucht.

An einer anderen Stelle schrieb ich ja schon einmal von der Abwesenheit von Dingen, durch die sich ein neues Bewusstsein und eine andere Wertigkeit erschließen können. An das Abendgebet schloss sich eine Austauschrunde über den Tag an. Es war bewegend zu hören, wie die einzelnen aus der Gruppe ihren ersten Reisetag erlebt hatten. Sie hatten in der Kathedrale von Hamar mit einem Gottesdienst begonnen. In mir stiegen die Bilder von diesem Licht durchfluteten und offenen Gotteshauses auf, in dem mein Weg vor 14 Tagen begann. Die Gruppe war dann mit dem Bus hierher gekommen und läuft nun in knapp 14 Tagen nach Trondheim. Im Bus wird ihr Gepäck transportiert.

Dann musste ich die Nacht im ehemaligen Pferdestall schildern. Es war trotz Decke und Heizöfchen bitterkalt und ich fühlte mich an die Nächte in Peru auf dem Inkatrail erinnert, den ich vor einigen Jahren gegangen bin. Morgens war ich wie gerädert und fragte mich, wie der erste Lauftag im Dovrefjell werden würde. Es wird bestimmt anders, als die Tage zuvor, auch vom Rhythmus. Gleich werde ich am Gottesdienst der Gruppe teilnehmen, dann frühstücken, danach packen. Sonst war ich viel vorbereiteter für den Tag. Nach dem Gottesdienst und dem ausladenden Frühstück machte ich mich mit der Gruppe auf den Weg hinauf ins Dovrefjell. Beim Frühstück bot die Fahrerin des Gruppenbusses mir an, einen Teil des Inhalts meines Rucksacks mitzunehmen. Dankbar packte ich eine Tüte mit den Habseligkeiten zusammen, die ich im Laufe des Tages nicht brauchte.

Es war eine ganz andere Erfahrung, mit einer Gruppe zusammen und mal nicht alleine zu gehen. Ich guckte kein einziges Mal in den Pilgerführer, schaute mich nicht nach den Schildern um, sondern ließ mich vom Tempo und Rhythmus der Gruppe bestimmen. Unser gesamter Weg wurde von mehr oder weniger stärkerem Regen begleitet und mein Regenponcho leistete mir gute Dienste. Durch den Regen, die Wolken und die verwaschenen Farben bekam die Hochebene eine mystische Ausstrahlung. Große Pfützen und Bäche kreuzten unseren Weg, so dass unsere Füße bald nass waren. Am Allmannoysa, einem Steinhaufen auf einem alten Trinkplatz, vollzogen wir das Steinritual. Symbolisch konnte jeder mit einem Stein, den viele aus ihrer Heimat mitgebracht hatten, seine Last ablegen.

Steinhaufen von Allmannoysa

Es tat gut, gemeinsam mit anderen unterwegs zu reden, zu schweigen, zu lachen, Pausen zu machen. Schließlich kamen wir in Fokstugu, einem ehemaligen Hotel, an. Es war im 2. Weltkrieg von der Wehrmacht okkupiert worden und nun wieder in den Händen Laurits Fokstugus, eines Urahns der Familie. Es gab eine geweihte Kapelle, jeden Abend um 18 Uhr läutete Laurits die Glocke. Ich war im Palmhuset untergebracht, einem Gästehaus. Und mit mir im Gästehaus waren Michaela und Isabelle untergebracht. Sie haben uns auf dem Weg überholt und kamen gemeinsam mit uns an

Ich war froh, einen Pilgertag in Gemeinschaft verlebt zu haben. Das Abendessen nahm die Gruppe wieder alleine ein. Ich aß mit einem norwegischen Paar, Hanne, einer norwegischen Pilgerin, die auch das Zimmer mit mir teilte sowie mit Michaela und Isabelle. Es gab einen köstlichen Auflauf. Es tat gut, etwas Warmes nach dem Regentag zu essen.

Fokstugu war ein wirklich beeindruckender Ort. Christine und Laurits Fokstugu kümmerten sich mit großer Hingabe um das Anwesen. Sie versuchten, dem Ort seine Würde zurückzugeben, die die Wehrmacht ihm durch ihr Wüten genommen hatte. Am Abend saßen in der kleinen Kapelle alle Pilger und alle, die zum Hof gehörten, und haben die Komplet gebetet. Ein Bischof stand ihr vor. Die Psalmen wurden in norwegischer Sprache gebetet, manche Verse waren mir vertraut aus dem Deutschen. Am Ende der Komplet schritt Laurits mit ernstem Gesicht zu einer Glocke, die von der Decke herabhing und schlug sie. Feierlich und gleichzeitig würdevoll erklang ihr Läuten.

Viele Einrichtungsgegenstände in der Kapelle waren von Sträflingen gefertigt. Sie kamen nach Fokstugu, um eine Erfahrung der Gemeinschaft und des gelebten Glaubens zu machen.

Nun saßen wir in der Wohnküche in unserem Gästehaus. Der Kamin verbreitete wohlige Wärme, die nassen Wanderschuhe der Pilger waren um ihn herum aufgestellt, langsam wurde es still, Zeit schlafen zu gehen.

Der Weg wächst im Gehen unter deinen Füßen wie durch ein Wunder

Reinold Schneider

Der Geist von Fokstugu

17. Etappe von Fokstugu nach Hjerkinn, ca.22 km

Ein schöner, aber anstrengender Tag fand langsam sein Ende. Ich merkte, dass ich mental müde war und lechzte nach einer Pause. Jeder Schritt hat heute Mühe gekostet. Heute früh zu Beginn des Tages hatte der Bischof gemeinsam mit Pastor Bernd Lohse den Gottesdienst gefeiert. Zur Erklärung, Norwegen ist evangelisch-lutherisch, ich spreche also immer von evangelischen Gottesdiensten, Bischöfen und Pastoren. Nur, dass hier die Unterschiede von der evangelischen zur katholischen Kirche in Riten und Bräuchen sehr gering sind.

In dem Gottesdienst fand ich es sehr bewegend, dass in den Fürbitten jeder Pilger, der sich gerade in Fokstugu aufhielt, mit Namen genannt wurde.

Fokstugu war der einzige Ort auf dem Pilgerweg, an dem ein geistliches Angebot stattfand. Sehr lebendig war mir noch die Szene von unserer Ankunft in Fokstugo in Erinnerung. Pastor Lohse ging der Gruppe voran, trat auf den Hof, die Gruppe folgte ihm. Das Ehepaar Fokstugo kam aus dem Haus, blieb stehen, er breitete die Arme weit aus und sprach mit klarer und kräftiger Stimme einen Segen in norwegischer Sprache, den das Ehepaar entgegen nahm. Danach fand die allgemeine Begrüßung statt. Ich hatte das Gefühl, als ob Paulus nach langer Zeit eine seiner Gemeinden besuchte, die ihn sehnsüchtig erwartete. Für mich war das eine Erfahrung von Urkirche.

Dann musste ich mich auf den Weg machen, mich förmlich losreißen von diesem berührenden Ort. Da die Gruppe heute nicht so weit ging wie ich, musste ich alleine gehen.

Denn Michaela, Isabelle und Hanne, die mit mir das Zimmer teilte, waren schon vor dem Gottesdienst aufgebrochen. Als ich mich in die unendlichen Weiten des Dovrefjell aufmachte, war es zum Glück trocken. Ich stellte schnell fest, dass dieses Gefühl von Weite und Ewigkeit sich viel stärker einstellte, als am Tag zuvor, als ich mit der Gruppe gegangen war. Aber ich spürte auch, wie müde es mich machte, immer weiter laufen zu müssen, ohne das Gefühl zu haben, jemals anzukommen. Manchmal kann einem das Leben auch dieses Gefühl vermitteln. Es hilft mir zu glauben, dass mein

Leben ein Ziel hat, eine Endstation Sehnsucht, ein Ziel, an dem ich ankommen werde, eines Tages.

Nach einer geraumen Weile des Gehens und Sinnierens traf ich auf Michaela, Isabelle und Hanne, die gerade Pause machten. Gemeinsam gingen wir weiter. Ich stellte aber erneut fest, wie schwierig es ist, ein gemeinsames Tempo zu finden. Im flachen Gelände sind sie mir zu schnell, im unwegsamen Gelände zu langsam und zögerlich. Später trafen wir noch auf die beiden norwegischen Pilgerinnen, die ich in Budsjord kennen gelernt hatte.

Nun waren wir in Fjellstue angekommen, einem Hotel, an dem eine ehemalige Jugendherberge angeschlossen war. Weil das Abendessen sehr teuer war, habe ich auf Tütensuppe zurückgreifen müssen.

Da es in unserem Hotel keine Kochgelegenheit gab, durfte man die Küche auf dem benachbarten Campingplatz benutzen. Aber dort gab es außer zwei Kochplatten und einem Spülbecken keine weitere Einrichtung. An der Rezeption gab man mir einen Topf und in der Campingküche lieh mir eine Camperin Teller und Löffel. So nahm ich die Suppe mangels Sitzgelegenheiten in der Küche im Stehen ein. Karin aus Österreich leistete mir Gesellschaft.

Im Anschluss verbrachten wir den Abend in der Hotelhalle mit zwei norwegischen Pilgerinnen, die wir in Budsjord kennen gelernt hatten.

Unterwegs

18. Etappe von Hjerkin nach Kongsvold, ca. 14 km

Heute machten wir uns zu fünft auf den Weg, Michaela, Isabelle, Karin, Hanne aus Norwegen und ich. Es war ein schöner Weg durch das Dovrefjell. Es ging ein starker Wind, der das Gefühl von Weite noch verstärkte. Auf einem Plateau mit fantastischem Rundblick, hatte ich das Bedürfnis, fliegen zu können. Unser Ziel war das Traditionshotel Kongsvold, die Pilgern einen Rabatt gewähren.

Das Abendessen, ein 3 – 8-Gang-Menü, war selbst für Isabelle und Michaela nicht erschwinglich. In der Cafeteria gab es Brote und Waffeln, die wir draußen in der Sonne sitzend, verzehrten. Ich teilte mir ein Zimmer mit Karin.
Wir verabschiedeten die beiden Norwegerinnen, die ihren Weg nach vier Etappen beendeten. Ich fühlte, dass wir eine kleine Pilgergemeinschaft geworden waren.

Morgen aber werden wir uns wieder zerstreuen. Denn Karin läuft nach Ryposan, Michaela, Isabelle und Hanne fahren mit dem Zug nach Oppdal und ich blieb noch einen Tag in Kongsvold. In Ryposan gab es nur eine winzige Schlafhütte in der Natur, mehr nicht. Deswegen fuhren die drei mit dem Zug, um diese Station zu umgehen. Das gleiche mache ich einen Tag später. Ich freue mich auf den freien Tag morgen. Ich habe mich zu einer Moschus- Ochsen Safari angemeldet. Etwas getrübt war meine Stimmung durch Äußerungen unserer Pilgergemeinschaft. Sie zogen her über die Kirche, über ihr Bodenpersonal und dass sie nie mit einer Gruppe pilgern würden.

Ich merkte, dass es Menschen waren, die ganz andere Überzeugungen hatten als ich. Vor allem bei Michaela merkte ich eine rigorose Ablehnung jeglichen Zwängen gegenüber. Deswegen war ich auch froh, dass sich unsere Wege morgen trennen, so sehr ich es auch bedauerte, wieder alleine zu sein.

Pausentag in Kongsvold

Heute früh machten sich die Gruppe und Karin auf den Weg nach Ryphosan. Michaela, Isabelle und Hanne warteten auf den Zug nach Oppdal. Unser
Hotel hat quasi einen eigenen Bahnhof, an dem die Dovrebahn hält. Sie hält
aber nur, wenn Leute auf dem Bahnsteig stehen und winken.

Nach dem Frühstück ging ich zu dem Treffpunkt für die Moschus-Ochsen-
Safari. Außer mir nahm nur ein holländisches Ehepaar teil. Unser Guide
führte uns an dem Fluss Driva vorbei und dann begann der Aufstieg auf
einen Berg. Heute wehte ein eisiger Wind, besonders spürbar, als wir auf
dem Hochplateau ankamen. Für diese Temperaturen war ich nicht ausgerüs-
tet, aber die Holländerin lieh mir eine Strickjacke und bot mir heißen Kakao
aus der Thermoskanne an. Dann ließen wir unsere Blicke zu den Berghängen
schweifen. Der Guide lieh mir ein Fernglas und wir suchten braune Flecken
am Horizont, die sich bewegten. Schließlich gingen wir weiter. Es zeigte sich
noch einmal ein großartiges Bergpanorama. Auf diesem Trail trafen wir auf
ganz viele Wanderer, alle in der Hoffnung, Moschus Ochsen zu sehen. Endlich sichteten wir auf einem Schneeflecken eine Herde, die leider relativ weit
entfernt war. Im Sommer suchen sich die Tiere nämlich kühle Flecken. Zur
Mittagspause suchten wir uns ein sonniges, windgeschütztes Plätzchen. Als
wir uns auf den Rückweg machten, hatten wir uns schon damit abgefunden,
dass wir keine Tiere aus nächster Nähe sehen würden. Doch wir hatten
Glück. Plötzlich sichteten wir zwei Tiere in unserer Nähe. Es war beeindruckend, ihre Bewegung zu verfolgen, ihre Hörner sahen sehr imposant aus.
Ich konnte mir vorstellen, dass ein Zusammentreffen mit ihnen nicht gerade
angenehm wäre. Denn sie können über 60 Stundenkilometer schnell werden
und wiegen ziemlich viel. Nachdem wir die Tiere ausgiebig beobachtet hatten, machten wir uns auf den Rückweg zum Hotel.

Als wir wieder am Hotel waren, bestellte ich in der Cafeteria einen Kaffee.
Wie fast überall in Norwegen gibt es bei Kaffee ein "refill", d. h., man kann
sich unbegrenzt Kaffee nachfüllen.

Unter uns Pilgern heißt es mittlerweile schon, dass es ein Grundrecht auf
Kaffee gibt. Leider ist das die einzige Sache, bei der man in Norwegen groß-
zügig ist, für jedes Handtuch, jede Waschmaschinen-Benutzung zahlt man
extra.

Mittlerweile hatten wir die Scheu abgelegt und äußerten lautstark, dass wir Pilger waren und uns bestimmte Dinge nicht leisten konnten.

Heute war ein ungewöhnlicher Pilgertag für mich. Ich übernachtete zum ersten mal zwei Nächte im gleichen Hotel. Ganz so erholsam, wie erwartet, war der Tag durch die Safari und den kalten Wind doch nicht, dafür aber sehr abwechslungsreich. Ich dachte noch viel über meine Mitpilger nach. Es war wie auch sonst im Leben, es gab Menschen, denen man nicht ausweichen konnte, an denen man sich rieb oder die einfach widersprüchlich erschienen. Meine Frage war, wie ich mit ihnen umgehen konnte. Wie fand ich einen, meinen Weg, der mich in Frieden mit mir und den anderen sein ließ?

Bald begann meine letzte Woche auf dem Weg nach Trondheim. Ich hatte das Gefühl, dass bei mir etwas die Luft heraus war. Nun war Durchhaltevermögen gefragt. Wie das Leben auch hat ein Pilgerweg Höhen und Tiefen, Wellentäler, beglückende Erlebnisse, Tage der Eintönigkeit und Leere, der Gewohnheit, der Dankbarkeit, der Unsicherheit, des Glücks, der Freude, des Frustes, des Mutes, des Staunens. Eines hält der Weg immer bereit - ganz viele Überraschungen.

Die Freude des Wiedersehens

Pausentag in Oppdal

Dies war ein ungewöhnlich fauler Pilgertag. Morgens habe ich lecker gefrühstückt in Kongsvold, dann habe ich im Salon gesessen und bin schließlich zum winzigen Bahnhof gegangen. Ich dachte, kleiner als der Bahnhof von Greccio könnte kein Bahnhof sein, aber es war doch möglich. Als der Zug nahte, habe ich die Hand herausgestreckt, damit der Zug auch hielt und bin nach Oppdal gefahren. Oppdal liegt am Rande des Dovrefjell Nationalparks und gilt als " Norwegens Alpenstadt" mit 16 Skiliften und 60 km Pisten. Das heißt also, dass wir die Hochebene des Dovrefjell durchwandert haben und wieder in eine „lebensfreundliche Umgebung" eintreten. In Oppdal habe ich in einer einfachen Kantine einen Hamburger gegessen, bin einkaufen gegangen und habe das Hotel gesucht. Das Letztgenannte war das Schwierigste, denn mir war beim Buchen eine Namensverwechslung passiert und ich hatte ein anderes als das im Pilgerführer angegebene gebucht. Das Hotel stellte sich als eine riesige Anlage heraus, die Ähnlichkeit mit einer Jugendherberge hatte. Allerdings mit dem Unterschied, dass Totenstille herrschte und außer mir kein einziger Gast da zu sein schien. Es machte auf mich einen eher trostlosen und leblosen Eindruck. Nachdem ich mich in meinem Zimmer eingerichtet hatte, kam plötzlich eine Nachricht von Karin, in der sie schrieb, dass sie auf dem Weg zu mir sei. Damit hatte ich nicht gerechnet, da sie heute einen extrem harten Wandertag hatte und ich nicht glaubte, dass sie den weiten Weg zu meiner Unterkunft auf sich nahm.

Das meine ich damit, wenn ich öfter davon schreibe, dass Tage eine überraschende Wendung nehmen können und der Tag anders endet, als man erwartet hatte. Karin berichtete mir von ihrer Übernachtung in der Hütte von Ryphosan und davon, dass die Hütte sehr viel gemütlicher eingerichtet war, als im Pilgerführer beschrieben. Ich fragte mich, ob ich nicht doch hätte mitgehen sollen, anstatt den Pausentag zu machen? Manchmal beschlichen mich Zweifel an Entscheidungen, die ich getroffen hatte. Andererseits dachte ich, dass es bei der Müdigkeit, die ich momentan empfand, genau die richtige Entscheidung gewesen war.

Ich denke, dass es im Leben auch viele Situationen gibt, bei denen man hin und her gerissen ist und nachher denkt, die andere Entscheidung wäre doch besser gewesen. Ich glaube, dass sich dieser Zwiespalt nie ganz auflösen wird. Nur, dass man sich selber immer mehr kennen und vertrauen lernt.

Leider wurde Karins und meine Wiedersehenfreude etwas getrübt. Denn ich bin zum zweiten Mal in Norwegen ins "Pilgergrab" gefallen. Dies geschah so: Der "Herbergsvater" bot an, uns etwas zu essen zu machen. Das Angebot nahmen wir dankbar an. Es gab Toast, Wurst und Spiegelei. Fürs uns eine willkommene Abwechslung nach den vielen Mahlzeiten, die aus Brot und Tütensuppe bestanden. Doch nach dem Essen waren wir sprachlos, wir mussten pro Person umgerechnet ca. 17 Euro bezahlen. Für den Hamburger in Oppdal habe ich weniger bezahlt und auch für eine Pizza in einem norwegischen Restaurant zahle ich weniger. Für uns waren das reine Abzocke und das Ausnutzen unserer Situation. Ich musste daran denken, dass ich ganz zu Beginn meiner Pilgerschaft einmal ins "Pilgergrab" gefallen war, als ich auf einem Campingplatz übermüdet ankam und Bettwäsche, Handtücher und Reinigung nahm. Seitdem war ich sehr vorsichtig und habe immer nach dem Preis geschaut, bis auf heute eben. So blieb an diesem Abend ein etwas fader Beigeschmack.

Veränderungen

19. Etappe von Oppdal nach Langklopp-Fjellgard, ca. 21 km

An diesem Morgen machte ich mich gemeinsam mit Karin auf den Weg. Wir haben mittlerweile Oppdal verlassen und die Kommune Rennebu erreicht. Das bedeutete, dass wir nun auf die Zielgerade nach Trondheim einbogen. Man merkte es heute schon an der Beschaffenheit des Weges, ein einfacher, schön zu gehender Schotterweg am Waldrand mit tollen Ausblicken. Nach den Mühen der Hochebene war dieser Weg eine echte Erholung. Nun stieg die Pilgerdichte immer mehr. Auf dem Weg lernten Karin und ich die drei Norwegerinnen Elisabeth, Mette und Inge kennen. Sie gingen nun im dritten Jahr den Olavsweg in Etappen und würden dieses Jahr Trondheim erreichen. Auch Pilgerpastor Bernd Lohse fuhr an uns mit dem Gruppenbegleitfahrzeug vorbei.

Plötzlich machte sich in uns eine andere Stimmung bereit. Das Ziel schien mit einem Mal so nahe, wir stellten uns vor, wie es dort wäre, wir redeten darüber und nahmen es gedanklich in den Blick. Ob es den Pilgern früher auch so ging wie uns heute? Leider wurde es durch die vielen Pilger, die jetzt unterwegs waren, eng in den Quartieren.

So geschehen auf dem Langklopp Hof. Die Norwegerinnen und ich hatten Zimmer auf dem Pferdehof reserviert, aber eine internationale Gruppe, die vom Hamburger Kirchentag gestartet war, brauchte alle Räume. Da war guter Rat teuer. Während wir uns auf der Terrasse ausruhten und kühle Getränke zu uns nahmen, überlegten unsere Gastgeber, wie sie uns unterbringen konnten. So wurden wir 500 m weiter im Haus des Bruders der Besitzerin einquartiert, Karin und ich in dem einem und die Norwegerinnen im anderen Zimmer. Wir merkten, dass die Unterbringung nun einfacher wurde, die Zeit der Hotels war vorbei. Die Pilger mussten zusammen rücken und miteinander teilen. Es begann sowohl äußerlich als auch innerlich eine neue Wegetappe für mich.

Im Pilgerhimmel

21. Etappe von Langklopp zu Meslo Gard, ca. 21 km,

So musste der vorweg genommene Pilgerhimmel aussehen, dachten wir uns heute Nachmittag. Wir saßen an einem Tisch vor dem Haus unserer Gastgeberin Ingrid Meslo, die Sonne strahlte vom wolkenlosen, blauen Himmel und unser Tisch füllte sich immer neu mit Waffeln, verschiedenen Marmeladen, Saft und Kaffee. Es war ein nie versiegender Strom an Waffeln, der unsere Teller füllte. Immer mehr Pilger strömten an den Tisch, um sich zu stärken und nie gingen die Waffeln aus. Zusammen mit unseren norwegischen Freundinnen Mette, Elisabeth und Inge bezogen Karin und ich ein Staburet, ein Holzhaus. Um in das Holzhaus zu gelangen, mussten wir auf einer steilen Stiege nach oben krabbeln. Auch die internationale Gruppe war wieder da. Ich genoss dieses Zusammensein mit Pilgern aus unterschiedlichen Ländern. Selbst meine Italienisch-Kenntnisse konnte ich an den Mann bringen.

Nach der Waffelfülle am Nachmittag füllte sich auch beim Abendessen hinter unserem Staburet draußen unser Tisch immer wieder neu. Es gab Salat, Labskaus, Brötchen, Eis mit Erdbeeren und natürlich Kaffee. Ich hatte das Gefühl, gestern und heute mehr gegessen zu haben, als in einer ganzen Woche vorher zusammen. Auch der Weg heute war wieder landschaftlich schön, einfach zu gehen und schnell zu laufen. Es kam mir vor wie das Auslaufen am Ende der Pilgerschaft. Da es auch keine großen Schwierigkeiten bei der Wegfindung gab, hatte ich Zeit, mit Karin unsere Erlebnisse der letzten Wochen zu reflektieren.

Vom Genuss

22. Etappe von Meslo Gard nach Segard Hoel ca. 22 km

Das Auslaufen ging auch bei der nächsten Etappe weiter. Es gab keine schwierigen Wege mehr, Schotterstraßen oder Waldwege führten uns an oft verlassenen Höfen vorbei. Dafür hatte man immer wieder schöne Ausblicke ins liebliche Orklatal. In Voll konnten wir einen Blick in die älteste y-förmige Kirche Norwegens werfen. Das y steht für die Dreifaltigkeit: Vater, Sohn und heiliger Geist. Außerdem stand dort ein Kilometerstein, der nur noch 101 km bis Nidaros (Trondheim) aufwies.

Untergekommen waren wir diesmal im historischen Segard Hoel. Es gab verschiedene Häuser auf dem Hof. Und wir hatten Glück, unser Haus, die frühere Hofküche, war frisch renoviert worden. Oben im Zimmer schliefen unsere norwegischen Freundinnen, Karin und ich schliefen unten in einem Raum. Ein gemütlicher Wohn-Ess-Küchenraum rundete das Gesamtbild ab. Und als besonderes Highlight gab es ein eigenes Badezimmer. An dem stand jetzt natürlich die internationale Gruppe Schlange, denen der Hofbesitzer erlaubt hatte, unser Badezimmer zu benutzen.

Da wir erneut früh an unserem Tagesziel ankamen, konnten wir den Nachmittag auf unserer Terrasse in der Sonne bei Kaffee und Kuchen genießen. Ein deutscher Einzelpilger brachte dann etwas Unruhe in unser beschauliches Pilgerleben. Er erzählte, dass er vom Pilgerzentrum aus versucht hätte, die letzten Unterkünfte zu buchen, aber es stellte sich heraus, dass alles voll besetzt war. Daraufhin brach bei Karin und unseren norwegischen Freundinnen Unruhe aus, die nicht vorgebucht hatten. Auch ich wurde nervös, obwohl ich doch auf der sicheren Seite mit meinen Vor-Reservierungen war. Karin und die drei Norwegerinnen riefen deshalb einen Campingplatz an, der das letzte Quartier vor Trondheim sein sollte. Denn die Unterkunft, die ich vorgebucht hatte, sollte schon voll belegt sein. Und gerade die gilt als historisch und sehr besonders.

Wir fragten uns, ob es sein kann und darf, dass die Gruppen alle Unterkunftsplätze belegen? Schnell breitete sich eine ungute Stimmung aus. Wir fanden es schade, dass diese negative Stimmung so kurz vor Ende der Pilgerschaft aufkam, konnten aber auch nur schwer dagegen angehen.

Mit diesen Gesprächsthemen ging ein langer Pilgertag seinem Ende entgegen.

Pilgergemeinschaft

23. Etappe von Segard Hoel nach Gumdal Gard ca. 26 km

Am Morgen verabschiedeten Karin und ich uns von den Menschen aus der internationalen Gruppe, die wir in den letzten drei Unterkünften kennen lernen durften. Auch unsere norwegischen Freundinnen würde ich erst in Trondheim wieder sehen. Immer öfter erschallte nun zum Abschied der Ruf: „See you in Trondheim". Unsere heutige Etappe gestaltete sich anstrengender, als die beiden vorherigen, da es sehr heiß war und viele Kilometer zu bewältigen waren. Unser erster Stopp war die barocke Kirche in Meldal. Dann ging es über Wald- und Wiesenwege und manchmal auch über Straßen nach Lokken. Dort gönnten wir uns in der Sonne sitzend einen Hamburger mit Pommes und Coca Cola. So ein leckeres, sättigendes Mittagsmahl hatten wir noch nie auf dem Pilgerweg. Nach dieser Stärkung begaben wir uns auf die letzten 10 km unserer Tagesetappe. Als wir an einen Kilometerstein kamen, der nur noch 61 km nach Trondheim anzeigte, machten wir Pause. Kurze Zeit später hielten die Hamburger Kleinbusse mit Bernd Lohses Gruppe neben uns. Es gab ein großes Hallo. Ich fand es schön, zu dieser großen Pilgergemeinschaft zu gehören. Bei aller Freude über die bevorstehende Ankunft in Trondheim, mischte sich bei Karin und mir auch ein Stück Wehmut mit hinein. Was kam danach? Wie würde es sein, nicht mehr zu gehen?

Schließlich erreichten wir unser Tagesziel Gumdal Gard, einen großen Hof. Zu unserer Überraschung bewohnten Karin und ich einen wunderschönen Stabur mit drei Schlafzimmern, Bad, Wohn- und Essküche. Wir waren begeistert und konnten unser Glück nicht begreifen, da es doch am Vortag hieß, Gumdal Gard sei komplett ausgebucht. Der Hofherr fragte uns höflich, ob noch eine norwegische Pilgerin bei uns ins Haus übernachten könne. Natürlich willigten wir ein, denn das war für uns als Pilger selbstverständlich.

Wieder einmal bewahrheitete sich das Wort von den Überraschungen am Ende des Tages. Und auch, dass jeder Tag seine eigene Sorge hat. Wie haben wir uns verrückt machen lassen von den Sorgen um die Unterkünfte.

Die größte Freude für uns war aber, dass wir unsere Wäsche in einer Waschmaschine waschen dürfen! Karin und ich haben die Wäsche mit Genuss in den Wäschekorb geworfen, zum Teil direkt vom Körper. Endlich waschen! Mit genauso großer Freude haben wir die Wäsche nach dem Waschen an eine Wäschespindel im Garten gehängt, natürlich nicht ohne vorher ihren frischen Duft einzuatmen. Mit so einer Begeisterung haben wir beide noch nie gewaschen. Übrigens, unser Gastgeber hat keine Krone zusätzlich für das Waschen verlangt. Dass es das auch gab, war für uns eine schöne Erfahrung. Wir merkten, dass es zum Großteil auf dem Pilgerweg um Grundbedürfnisse ging, wie zum Beispiel essen, schlafen und eben waschen. Vielleicht war es gut, einmal zu erleben, dass nicht alles im Leben selbstverständlich war.

Vom Aufbrechen und Verweilen

24. Etappe von Gumdal Gard nach Hauan Gard , Skaun ca. 22 km

Diese Etappe hat uns noch einmal ziemlich viel abverlangt. Nach einer erholsamen Nacht und gutem Frühstück in unserer Küche mussten wir dann schweren Herzens unsere schöne Unterkunft verlassen. Gerne wären wir noch geblieben und hätten verweilt. Aber ein Pilger muss immer aufbrechen. Heute ging es durch ein Moorgebiet. Es war ein mühsames Gehen, denn unsere Schuhe versanken regelmäßig im Morast. Eine schöne Unterbrechung war der so genannte "Verweilstein", an dem wir rasteten. Mit diesem Stein erreichten wir auch die Gemeinde Skaun, die als pilgerfreundlich galt. Ein Zeichen dafür war die wunderschöne Pilgertoilette im Wald. Seltsamerweise begegneten uns heute keine anderen Pilger. Unser Ziel war Venn, Hauptort der Skaun-Gemeinde, in der die alte Skaunkirche stand. Der Kilometerstein zeigte nur noch 38 km bis Trondheim an. Wenn ich an den ersten Kilometerstein in Hamar dachte, der 488 km anzeigte, konnte ich es nicht glauben, diese Strecke gelaufen zu sein. Vor dem Supermarkt trafen wir nach längerer Zeit mal wieder auf Michaela und Isabelle, die mit Bernd Lohses Gruppe im Gemeindehaus übernachteten. Ich hatte telefonisch ein Zimmer auf einem Hof reserviert. Als Karin und ich dort ankamen, trafen wir auf einen Mann, der sich in einem Liegestuhl auf dem Hof sonnte. Er stellte sich witzigerweise als Olav vor und sagte, dass er der Untermieter sei. Der Vermieter sei nicht da, aber gestern wären auch schon Pilger da gewesen, die im Haus übernachtet hätten. Er rief den Vermieter an und gab uns nach dem Telefonat den Schlüssel zum Haus. Leider stellte sich das Haus als sehr verwahrlost heraus. Ich möchte nicht zu sehr ins Detail gehen, nur zwei Beispiele, die Toilette ließ sich nicht abziehen und im Kühlschrank roch es sehr streng. Nach Rücksprache mit Karin entschieden wir uns, zu bleiben. Denn wir dachten, dass es besser wäre, eine Nacht in diesem verwahrlosten Haus zu bleiben, als in einem Saal mit 16 Personen zu schlafen. Eigentlich war es ein wundervolles altes Haus mit herrlichem Blick auf die Kirche, schade, dass der Besitzer es so herunter kommen ließ. Abends nahmen wir am Abendgebet der Gruppe in der Kirche teil. Insgesamt waren fast 50 Pilger in dem kleinen Ort untergekommen.

Wie ich schon schrieb, die Pilgerdichte wurde täglich höher.

Pilgertoilette

Vom intensiven Schmecken

25. Etappe von Hauan Gard nach Sundet Gard ca. Ca. 16 km

Freitagmorgen, 7.30 Uhr in Skaun, Norwegen. Der Himmel strahlend blau, die Sonne stand hoch am Himmel und es war heiß. Karin und ich waren schon auf dem Weg. Unser erster Stopp waren die Ruinen der alten Skaunkirche und der Husaby Hof. Hier schrieben Sigrid Unset einen Roman und Kristin Lavransdatter eine Geschichte über die erste Pilgerin auf dem Olavsweg.

Dann ging es weiter auf den Djupdalsvollen, von dem man großartige Ausblicke auf den Trondheimsfjord hat. Das Grün der Bäume, der Nebel, der über dem Fjord aufstieg, verbreitete eine mystische Atmosphäre. Es war ein herrlicher Weg, der uns durch Wälder führte und uns immer wieder einen Blick auf den Fjord erhaschen ließ. Schließlich erreichten wir Buvika und damit die Pilgerherberge Kleivan.

10 Uhr: Kleivan, Norwegen, Karin und Susanna waren am Ziel ihrer Wünsche: Ein wunderbarer Garten, ein Platz in der Sonne, es gab Kaffee und Kuchen und eine saubere Toilette. Nachdem ich den Herbergsleuten meinen Namen nannte, hieß es gleich: „We have heard about you". Denn gestern waren nämlich Inge und Elisabeth, unsere norwegischen Freundinnen, und Sebastian, der deutsche Pilger, den wir im Segard Hotel kennen lernten, bei ihnen gewesen. Der "Promi-Status" verschaffte uns gleich einen Rabatt bei Kaffee und Kuchen. Diese kurze Rast bei diesen freundlichen Menschen war einfach wohltuend. Ich spürte wieder dieses Zugehörigkeitsgefühl zu der großen Pilgergemeinschaft.

Nun war es nicht mehr weit bis zum Oysand-Campingplatz. Vor uns breitete sich das Blau des Fjords aus, der inzwischen vom Nebel befreit war. Auf einmal fühlten sich unsere Wanderschuhe deplatziert an. Denn anstatt durch Wälder ging es nun über die Fjord-Promenade. Plötzlich fühlten wir den Geschmack von Urlaub auf unserer Zunge. 12.30 Uhr: Sandoz, Camping, Norwegen, die Sonne brannte vom Himmel, der Strand des Campingplatzes ist voll von sich sonnenden und badenden Menschen. Wir fühlten uns auf einmal in eine ganz andere Welt versetzt, von der kargen Pilgerwelt in eine überbordende Welt voller Urlaubsfreude.

Und dann - wer fiel uns um den Hals in der Cafeteria des Campingplatzes: Inge und Elisabeth. Die Wiedersehensfreude war riesig, wenn sie auch nur kurz Bestand hatte. Ich hatte ein anderes Quartier gebucht, das leider ausgebucht war.

Ich musste John Wanwik, den Besitzer anrufen, und ihn bitten, dass er mich über den Fjord rudert und mich zum Nordufer der Gaula bringt. Dies war eine ganz alte Tradition. Ich verabschiedete mich von den drei Frauen mit ganz viel Wehmut im Herzen. Ich hatte das Gefühl, echte Pilgerfreunde gefunden zu haben.

Es war ein fremdes Gefühl, plötzlich wieder alleine am Fluss entlang zu laufen. Ich habe die Gesellschaft von Karin sehr genossen. Ich hoffte sehr, dass wir morgen gemeinsam in Trondheim einlaufen werden. Nach gut 2 km Fußweg immer am Wasser entlang erreichte ich die Anlegestelle.

13.40 Uhr: John legte mit seinem Boot an und ich stieg ein. Ich fühlte mich verbunden mit allen Pilgern, die John schon über den Fluss gebracht hatte. So reihte ich mich ein in die lange Kette derer, die vor mir den Weg gegangen waren.

Nun war ich in Sundet Gard und genoss den herrlichen Blick auf den Fjord. Norwegische Pilger waren zu Gast, die Elisabeth und Inge kannten. Die Pilgerwelt war klein. Ich hatte das Glück eines Einzelzimmers. Und es gab seit langem mal wieder WLAN!

Am Spätnachmittag konnte ich im Garten von Sundet Gard sitzend die Ankunft der Gruppe mit Pastor Bernd Lohse beobachten. John musste vier Mal rudern, um die ganze Gruppe über den Fluss zu befördern. Es gab ein großes Hallo. Um 19 Uhr aßen die Gruppe, vier norwegische Pilger und ich im alten Speicher zu Abend. John und seine Frau servierten in Tracht. Es gab eine traditionelle Suppe mit Kartoffeln und Fleischeinlage und zum Schluss Pflaumendessert. Es war eine schöne Stimmung, die Tische waren festlich gedeckt, der Raum war vom Kerzenschein erleuchtet. Nach dem Essen berichtete John, wie im 13. Jahrhundert. verfügt wurde, dass die Farm auf der Fluss-Seite immer einen Fährmann und Boote zur Verfügung stellen musste, um Händler und Pilger über den Fluss zu bringen. Diese Abmachung galt bis zum 17. Jahrhundert, dann wurde eine Brücke gebaut und der Dienst der Fährleute wurde nicht mehr benötigt. Diese alte Tradition lebte mit der Nutzung der Farm als Pilgerherberge wieder auf. Im Anschluss an Johns Bericht sang seine Frau noch ein Pilgerlied. Um 21.30 Uhr war dann Abendgebet im Raum über dem Speicher. Thema waren die himmlischen Schätze, die wir heute gesammelt hatten. Und wie wir feststellen konnten, gab es viele davon. Es wurden die Landschaft, die Gastfreundschaft, die Sonne und viele mehr genannt. Die Beiträge strömten nur so aus uns allen heraus. Mir gefiel die Idee von den himmlischen Schätzen. Vielleicht konnte man sich auch im Alltag am Ende eines Tages fragen, welche himmlischen Schätze habe ich gesammelt? Und vielleicht war man erstaunt und dankbar, wie reich man doch an diesem Tag beschenkt wurde.

Diesen Tag habe ich als sehr gefüllt und emotional erlebt. Ich hatte das Gefühl, an das Ziel zu gelangen. In mir war eine große Unruhe vor dem Tag morgen. Und die Frage beschäftigte mich, wie es wohl sein würde, anzukommen?

Finale

26. und letzte Etappe von Sundet Gard nach Trondheim, ca. 21 km

Ein bewegender Tag ging zu Ende. Am frühen Morgen erreichte mich noch in Sundet Gard Karins Nachricht, dass sie, Elisabeth und Inge am Campingplatz aufgebrochen waren.

Da John sie nicht über den Fluss rudern konnte, mussten sie um den Fluss herum laufen, hatten also eine weitere Strecke als ich zu laufen. Ich brach um 9 Uhr auf und ab da begann meine Aufholjagd. Ich wollte die drei gerne einholen, um mit ihnen gemeinsam in Trondheim anzukommen.

Zwischen Karin und mir gingen immer wieder SMS hin und her, mit Nachrichten, wo die andere sich gerade befand. Nach vielen Wochen des langsamen Gehens flog dieses eine und letzte Mal die Waldlandschaft nur so an mir vorbei. Es gab nur noch einen Wunsch und der war, die anderen einzuholen. Ein kurzes Innehalten gab es für mich am Stein, der 14 km bis Trondheim anzeigte. Das Ziel rückte immer näher. Schließlich traf ich auf Inge und Elisabeth, die Karin alleine haben ziehen lassen. Ein kurzes Gespräch mit ihnen und weiter ging mein Lauf, bis ich endlich auf Karin traf, die sich auf einem Stein ausruhte. Geschafft!! Wir würden gemeinsam in Trondheim einlaufen.

Ich glaubte, dass ich noch nie vorher so schnell gelaufen war. Um wieder zu Atem zu kommen, ruhten wir uns noch etwas aus. Nach einer Weile erreichten auch Inge und Elisabeth den Stein und wir machten Erinnerungsfotos. Danach ließen wir die beiden noch etwas Pause machen und Karin und ich begaben uns auf die letzten Kilometer bis Trondheim. Die Landschaft wurde immer städtischer, bis wir endlich den ersten Blick auf die Dächer und den Fernsehturm von Trondheim erhaschen konnten. Gänsehaut breitete sich bei uns aus, als wir unser Ziel in der Sonne vor uns liegen sahen. Es schien zum Greifen nahe und doch war es unwirklich, wie eine Fata Morgana. Immer weiter ging es in die Stadt hinein. Wir fühlten uns fremd zwischen den Autos, Ampeln und Wochenendausflüglern. In der Cafeteria des Freilichtmuseums legten wir eine Waffel- und Kaffeepause ein. Dann gelangten wir zum Berg der Freude, von dem aus die Pilger zum ersten Mal den Nidaros Dom sehen konnten. Erneut brach Gänsehautfeeling bei uns aus, als wir die grüne Helmspitze des Domes sahen. Wir kniffen uns vor Freude, lachten und weinten gleichzeitig.

Erster Blick auf den Nidaros Dom

Plötzlich ertönte Glockengeläut, passend zu unserem Einzug in die Stadt. Dann ging es weiter durch viele Straßen bis hin zur Olavsquelle, der heilende Wirkung zugeschrieben wird. An der Quelle füllten wir unsere Flaschen mit dem heilenden Wasser. Und danach endlich war es soweit: Wir erreichten den Domplatz und den Nullstein. Wir waren angekommen!!!

Unter großem Jubel machten wir Fotos, bei denen uns der norwegische Pilgerpastor behilflich war, der auf einer Bank saß. Danach umrundeten Karin und ich den Dom dreimal, ein Pilgerritual, das an die Dreifaltigkeit, Gott, Vater, Sohn und Geist erinnert. Betreten würden wir den Dom erst morgen, wenn wir uns gewaschen und gereinigt hatten. So sagte es die Tradition. Nachdem wir unsere Hotels aufgesucht hatten, um unsere Rucksäcke abzustellen, ging es sofort zurück zum Domplatz, um andere Pilger zu treffen. Auch der plötzlich einsetzende Regen konnte unsere Freude nicht trüben. Wir lernten endlich Wolfgang kennen, der immer einen Tag vor uns gelaufen war und dessen Eintrag in jedem Gästebuch zu finden war.

Auch alle anderen Pilger kamen nun irgendwann an. Es war ein großes Pilgertreffen, was sich vor dem Dom abspielte. Nachdem alle begrüßt waren, gingen wir zum Pilgerzentrum, um unsere Pilgerurkunden abzuholen.

Und schließlich erwarteten wir die Hamburger Gruppe, die am Spätnachmittag eintreffen würde. Überall herrschte große Freude darüber, endlich angekommen zu sein. Karin und ich beendeten diesen langen Tag am Abend bei einer Pizza und einem Bier in einem Restaurant. Wir spürten beide, dass nach dieser äußeren Ankunft die innere Ankunft erst noch kommen musste.

Nidaros Dom

Trondheim-Olavsfest

Am nächsten Tag besuchten Karin, Elisabeth, Inge und ich um 11Uhr den Eröffnungsgottesdienst der Olavsfestage im Nidaros Dom. Damit betraten wir auch zum ersten Mal das Heiligtum. Aufgrund der Menschenmassen nahmen wir nur seine Länge und ein wunderschönes Rosettenfenster wahr. Morgen wollten wir ihn uns richtig anschauen. Der Gottesdienst wurde begleitet vom feierlichen Choralgesang eines Chores. Leider waren Großteile des Gottesdienstes auf Norwegisch, auch die Predigt, so dass wir wenig verstanden. Aber wir spürten die festliche Atmosphäre.

Den restlichen Tag nutzen wir, um uns die Stadt anzusehen. Trondheim hieß früher Nidaros, Stadt am Ufer des Flusses Nidelv gelegen. Viele Brücken und am Flussufer gelegene Häuser auf Stelzen prägten das Stadtbild. Es gab ein Hurtigruten und ein Kreuzfahrt-Terminal. An diesem lag die Aida Sol. Dies bedeutete, dass die Stadt heute noch voller war, als sonst zum Olavsfest.

Trondheim

Ständig flogen Möwen über unsere Köpfe hinweg und stießen heisere Schreie aus. Mittelpunkt war der Marktplatz mit einer Statur des heiligen Olav.

Die Stadt war gemütlich und überschaubar. Dennoch fühlten wir uns überfordert mit dem Leben in der Stadt. Wir waren es seit vier Wochen gewohnt, zu gehen, unsere Tage hatten eine feste Struktur, nun kamen wir uns etwas verloren vor in dem ganzen Trubel rund um das Olavsfest. Rund um den Dom war ein Mittelalter-Markt aufgebaut, auf dem wir etwas stöberten. Natürlich durfte auch unsere geliebte Kaffee-Waffel-Pause nicht fehlen.

Heute Abend zogen die Pilger zum Dom und es würde Nachtwache bis morgens um 6 Uhr gehalten. Denn am nächsten Tag war der Olavstag. Gegen 21 Uhr trafen wir uns an der Var Frue Kirke, um auf die Pilgergruppen zu warten, die von anderen Kirchen herkamen. Bald kamen die Hamburger Gruppe von Bernd Lohse und schließlich alle anderen. Es war schön, die Menschen wieder zu sehen, mit denen man ein Stück Weg gegangen war. Gemeinsam zogen wir in die Kirche, um eine Station zu halten, die aus Bibeltext, Meditation, Liedern und Gebeten bestand. Dann zog die große Schar zum Marktplatz. Plötzlich drehten sich alle um. Der Himmel war in ein leuchtend violett und rot getaucht. Es sah so aus, als ob die Olavsstatur in Flammen stehen würde. Ein beeindruckendes Bild, das sich zu Beginn unserer Nachtwache zeigte. Nach einer weiteren Station im Freien zog die große Prozession zum Dom. Vor dessen Eingang standen Fackelträgerinnen, die ein Spalier bildeten. Durch dieses zogen die Pilger in den von Kerzen und Lampen erleuchteten Dom ein. Als alle Platz genommen hatten, wurden Choralgesänge angestimmt, um die Menschen auf die Nachtwache einzustimmen. Die Stimmen klangen wie verzaubert durch die Kirche.

An verschiedenen Stellen in der Kirche wurden Kerzen aufgestellt, dort konnte man Texte zum Gebet und zur Meditation finden. Diese waren leider nur in norwegischer Sprache gedruckt. Man konnte sich die ganze Zeit im Dom bewegen und so aus ganz verschiedenen Perspektiven den Raum mit seinen Säulen wahrnehmen. An der Stelle, an der vermutet wird, dass der heilige Olav begraben liegt, konnte man zum Gebet niederknien. Hinter dem Altar war ein Wandbehang angebracht, der Szenen aus dem Leben des heiligen Olav zeigte. Jede Stunde wurde die "Nokturne" aus dem Stundengebet der Kirche mit dem Chor gesungen. Aber schon gegen 0.30 Uhr hatte sich der Dom geleert. Ich genoss es, dieses großartige Bauwerk in Ruhe zu durchschreiten, inne zu halten, die Perspektive zu verändern und mich von der

Atmosphäre mitnehmen zu lassen. Leider gab es weder Essen noch Getränke für die Beter und Pilger, was das Durchhalten bis 6 Uhr morgens erschwerte. Peder und Eva, ein norwegisches Ehepaar, das ich in der letzten Herberge kennen gelernt hatte, gaben mir eines von ihren belegten Broten. Und Ulrike aus der Hamburger Gruppe schenkte mir einen Müsliriegel. Aber um 3 Uhr fielen mir nur noch die Augen zu, so dass ich doch den Weg zum Hotel antrat. Peder und Eva wollten bis 6 Uhr durchhalten. Leider habe ich sie heute nicht mehr gesehen, um zu erfahren, ob sie es geschafft hatten. Heute am Olavstag fand der Festgottesdienst statt, den ich aber wegen des langen Eröffnungsgottesdienstes und der Nachtwache nicht besuchte. Karin und ich kamen aber gerade rechtzeitig auf dem Domplatz an, um zu sehen, wie die Olavsfigur auf der Domfassade bekränzt wurde. Bis jetzt war nur die Figur des heiligen Jakobus' anlässlich seines Gedenktages bekränzt gewesen. Die Bürgermeisterin wurde auf der Plattform mit Hilfe eines Krans stehend hoch gehievt, um die Olavsfigur unter lautem Beifall zu bekränzen.

Fassade des Nidaros Dom

Nachmittags gab es dann sogar eine katholische Messe mit Bischof, anlässlich des Festes im Dom. Ich war überrascht, wie voll diese Messe war und nicht nur mit ausländischen Touristen, sondern mit Norwegern. Die Messe war natürlich in Norwegisch, die Gesänge in Latein. Mir wurde von Texten und Liedern her noch einmal deutlich, welche Rolle der heilige Olav für die Norweger spielte. Er stand für die Einigung des Landes und hat das Land christianisiert. Während der Feiern wurde mir auch bewusst, dass es vor allem ein nationales Fest war. Die Pilger werden kaum wahrgenommen oder waren nicht im Bewusstsein der Menschen. Dieses merkte man z. B. daran, dass fast alle Texte und Lieder in der Liturgie auf Norwegisch sind. Das machte es oft langatmig und mühsam, zu folgen. Dennoch tat es gut, in der Gemeinschaft so vieler betender und singender Menschen zu sein und die besondere Atmosphäre des Domes zu genießen. Spannend fand ich, wie die evangelische Kirche sich hier zeigte: In prunkvollen Messgewändern, schwarzen langen Talaren, mit Priesterhemden und Kragen. Und natürlich sehr weiblich, Frauen standen selbstverständlich der Liturgie vor und bekleideten hohe Ämter.

Den Nachmittag genoss ich mit Karin und Sebastian auf dem Domplatz bei, wie kann es anders sein, Kaffee und Waffeln. Sich auf dem Domplatz aufzuhalten, das bunte Treiben zu beobachten und so viele bekannte Gesichter zu treffen - das genoss ich besonders in diesen Tagen! Man tauschte sich aus über die Weg-Erfahrungen, kannte die gleichen Leute und hatte Ähnliches erlebt. Wie würde ich diese Gemeinschaft vermissen. Die Tage in Trondheim waren für mich wie ein Eintauchen in ein großes Wellnessbad. Körper und Seele konnten ausruhen, auftanken und genießen. Ich hoffte sehr, dass ich diese besondere Atmosphäre der Leichtigkeit und Freude, die diese Tage in sich trugen, noch lange spüren werde.

Abends ging ich mit Karin und Sebastian Pizza essen. Noch einmal gemeinsam lachen, zurück blicken und erzählen, dann kam unweigerlich der Moment des Abschieds. Nun ging jeder wieder seine eigenen Wege.

Wie hieß es gestern Abend in der Liturgie: Wir legen jetzt den Pilgerstab nieder.

Ja, so war es!

Wieder Zuhause

Seit Dienstagabend zu später Stunde bin ich wieder in Deutschland gelandet. Der Rückflug war mehr als chaotisch, Flugverspätung, Flug gecancelt, nächsten Flug genommen, Rucksack nicht mit gekommen…
Ich war wieder da, aber noch nicht so ganz. Es brauchte Zeit, seine Pilgerexistenz abzulegen. So sehr habe ich den beständigen Tagesrhythmus von laufen, pausieren, ankommen, waschen, essen und schlafen verinnerlicht, dass ich jetzt eine große Leere und Lücke empfand. Selbst mein Körper vermisste die Betätigung, ich hatte ziemlichen Muskelkater. Rückblickend dachte ich, dass mein Pilgerweg zwei Teile hatte. Der erste Teil war schwierig und mit großen Herausforderungen verbunden. Der zweite Teil war geprägt von Gemeinschaft und großer Freude. Es war wie im Leben auch, Schatten und Licht gehören zusammen. Vielleicht brauchte es auch die ersten Erfahrungen, um das andere viel mehr schätzen zu können.
Nun möchte ich den mir verbleibenden Monat bis zum Stellen Beginn noch gut nutzen und genießen.

Sechs Monate später: Das ... - und was bleibt

Manches Mal bleibt mein Blick beim Öffnen des Kleiderschranks an einem der Regale hängen. Dort liegen fein säuberlich gestapelt meine Pilgerkleidung, die lange Hose, der Rock, der Fleecepulli und die T-Shirts. Dann halte ich einen Moment inne und eine Mischung aus Wehmut, Sehnsucht und Aufbruchstimmung überkommt mich. In diesen Moment ist meine Pilgerzeit ganz lebendig in mir. Dann könnte ich auf der Stelle mein Bündel packen und losgehen. Ich merke, dass diese Minuten sehr kostbar für mich sind und ich fühle mich lebendig und kraftvoll. Sie geben mir Energie für meinen Alltag.

Genauso geht es mir, wenn ich im Radio Lieder höre, die meine Pilgerzeit begleitet haben. In diesem Moment sind alle Gefühle wieder da und präsent, die ich mit dieser Zeit verbinde.

Ebenso sind eine Gewissheit und ein Selbstvertrauen gewachsen, jederzeit wieder aufbrechen zu können. Die ängstlichen Fragen „Kann ich mir das zutrauen? Schaffe ich das?", die mich vor meinem Aufbruch begleitet haben, sind einer großen inneren Sicherheit und Gewissheit gewichen. Es ist kein Gefühl der Unantastbarkeit und Unverwundbarkeit, sondern eher ein grundsätzliches Zutrauen in das Leben. Dieses Gefühl ist gepaart mit einer größeren Gelassenheit den Anforderungen gegenüber, die das Leben stellt.

Ein weiterer sehr positiver Effekt ist, dass ich bei Erkältungskrankheiten viel stärkere Abwehrkräfte in mir verspüre. Schleppte ich Erkältungen in der Vergangenheit oft vier Wochen mit mir herum, so bin ich nun in der Erkältungszeit viel fitter und bin auch ggf. nach einer Woche kuriert. Dies ist für mich ein Zeichen der inneren und äußeren Gesundung.

Eine weitere positive Nebenwirkung sind Kontakte mit Pilgern, die ich auf dem Weg kennen lernen durfte und mit Menschen, die selbst auch pilgern, und die ich jetzt neu kennen lerne. Diese Verbundenheit, die sich ausdrückt in ähnlichen Erfahrungen, empfinde ich als Geschenk.

Nachdenklich gemacht hat mich der Satz einer Freundin. Sie schenkte mir einen neuen Terminkalender, der mein Jahresmotto „Zeit für Neues" trug. Sie sagte dazu: „Eigentlich ist immer Zeit für Neues…"

Genau das spiegelt die Erfahrung meiner Aus- und Pilgerzeit wieder. In jedem Moment kann etwas Neues entstehen, ich kann jederzeit neu anfangen. Entscheidend ist, dass ich mit offenen Augen durch das Leben gehe und spüre, wann es Zeit für Neues ist.

Und wie ich schon zu Beginn schrieb: Wenn sich ein Gedanke erst einmal in unser Herz eingenistet hat...

Ich bin mit dir, ich behüte dich, wohin du auch gehst.

Genesis 28,15

Zeitfracht Medien GmbH
Ferdinand-Jühlke-Straße 7
99095 Erfurt, Deutschland
produktsicherheit@kolibri360.de